Alexander Behm (1880–1952)

Jörg Schimmler

Alexander Behm (1880–1952)
Erfinder des Echolots

Eine Biographie

©2013 Jörg Schimmler
Herstellung und Verlag: BoD – Books on Demand, Norderstedt
Alle Rechte vorbehalten
Lektorat: H. Peter Bunks
Umschlaggestaltung: Marc Schimmler
ISBN 9783732231102

Bibliografische Information der Deutschen Nationalbibliothek

Die Deutsche Nationalbibliothek verzeichnet diese Publikation in der Deutschen Nationalbibliografie; detaillierte bibliografische Daten sind im Internet ber www.dnb.de abrufbar.

Inhalt

Vorwort 7
Kindheit und Jugend 9
Studium und erste Berufstätigkeit 17
Erste wissenschaftliche Erfolge 21
Untergang der *Titanic* und die Idee des Echolots 28
Herkömmliches Loten 36
Entdeckung und Nutzung des Wasserschalls . 40
Militärische Wasserschallanwendungen 43
Die Entwicklung des Behmschen Echolots . . 47
Das erste Echolot 66
Kriegsende und Nachkriegszeit 74
Das Behmlot wird alltagstauglich 76
Behm wird selbständig 80
Behmlote im Praxistest 85
Luftlote 93

Akustische Tiefseelotungen und die Deutsche Atlantische Expedition	98
Die Lotmethode von Hayes	100
Behm-Echolote für die Tiefsee	103
Behm-Echolote im Wettbewerb	107
Auswertung der Echolotungen	117
Tiefseelote für kleinere Expeditionen	119
Wer erfand das Echolot?	121
Weitere Entwicklungen auf dem Gebiet des Wasserschalls	124
Das Limnolot	126
Früchte des Erfolgs	127
Behmlote im Einsatz	133
Wieder einmal: Kriegsende	140
Der Angler und Jäger	144
Die letzten Jahre	152
Personenverzeichnis	158
Literaturverzeichnis	179
Abbildungen	182
Bildnachweis und Abkürzungen	182
Index	185
Zu diesem Buch	186

Vorwort

Für die Schiffssicherheit ist eine schnelle und zuverlässige Bestimmung der Wassertiefe von größter Bedeutung. Grundberührung und Strandung gehören zu den häufigsten Ursachen von Schiffsverlusten. Das Ziel, einen Apparat zu entwickeln, der mit Hilfe von Schall die herkömmliche Lotung mit Lotblei und Lotleine ablöst, wurde für Alexander Behms Lebenswerk bestimmend. Die Bezeichnung „Echolot", wie der Erfinder seinen Apparat nannte, setzte sich in der schallbasierten Lotung allgemein durch. Das Echolot ist aus der Schifffahrt nicht mehr wegzudenken.

Mit der sekundenschnellen Echolotung als Alternative zur aufwändigen und langwierigen Drahtlotung wurde die systematische Erkundung der Ozeane möglich. Das Prinzip, Entfernungen durch Messung der Echozeit von Schall zu bestimmen, fand seine Fortsetzung in der Entwicklung des Radars unter Nutzung elektromagnetischer Wellen. Es gehört zu den großen Leistungen des Pioniers Behm, auch andere Anwendungen seiner Erfindungen frühzeitig erkannt zu haben.

Die Lebensgeschichte Alexander Behms ist durch eine erstaunliche Diskrepanz zwischen deutlichen Defiziten in seiner Ausbildung und hervorragenden Leistungen als Erfinder und Entwickler gekennzeichnet. Seine außerordentliche Kreativität und die Kraft, seine Ideen umzusetzen, stehen in einem deutlichen Gegensatz zu seinem Bildungsgang. Nach heutigen Maßstäben wäre Behm ein chancenloser Schul-, Ausbildungs- und Studienabbrecher. Dass er trotzdem bereits mit 24 Jahren ein Forschungsinstitut leitete und ein international bekannter Erfinder und Ehrendoktor der Universität Kiel wurde, unterstreicht seine Lebensleistung. Sie relativiert die prognostische Aussagekraft von Zensuren aller Art und ist eindringlicher Appell, Bildungschancen und Entwicklungsmöglichkeiten so lange wie möglich offen zu halten.

Behms private Leidenschaften, das Jagen und Angeln, waren mit einem derartigen Zeitaufwand verbunden, dass sie schon deswegen in einer Lebensbeschreibung nicht fehlen können. Beide Passionen haben sein Leben geprägt und seine erfinderische Leistung beeinflusst. Der Fischwaid mit der Handangel hat Behm mit kaum zu übertreffender Intensität und größtem Zeitaufwand gehuldigt. Er hat Verbesserungen von Fischereigeräten ausgetüftelt, entwickelt, patentieren lassen und sogar hergestellt oder herstellen lassen. Jagd- und fischereiliche Erfahrungen wurden wiederholt Ansatzpunkte für Einfälle des Erfinders. Man ist vielleicht versucht zu vermuten, dass Behm noch erfolgreicher gewesen wäre, wenn er nicht so viel Zeit mit dem Angeln und Jagen verbracht hätte. Einiges spricht jedoch dafür, dass Behms Schaffenskraft und Einfallsreichtum durch die Stunden am Wasser und im Jagdrevier gestärkt wurden.

Obwohl Alexander Behm während seiner aktiven Zeit weltberühmt war, erinnern sich heute nur noch wenige an ihn, wenn von seinen Erfindungen die Rede ist. Die vorliegende Lebensbeschreibung soll die Erinnerung an diesen eigenwilligen Technikpionier beleben und wachhalten.

Jörg Schimmler, Kiel, im Juni 2013

Kindheit und Jugend

Alexander Karl Friedrich Franz Behm wurde am 11. November 1880 als ältester von drei Söhnen des Postsekretärs Ernst Eduard Ferdinand Anton Behm und seiner Frau Pauline Johanna Sophie, geborene Prange, in Sternberg (Mecklenburg) geboren[1].

Die Vorfahren der mecklenburgischen Familie Behm sind im 15. Jahrhundert eingewandert, als in der damals zum Königreich Böhmen gehörigen Oberlausitz Glaubenskämpfe ausbrachen. Der Schild des Wappens der Familie zeigt ein stilisiertes Mühlrad. Ein silberner Löwe ziert den Helm.

In den Jahren 1882 und 1883 wohnte die Familie Behm in Rehna, wo auch am 6. Mai 1882 Alexanders Bruder Otto Emanuel August Carl zur Welt kam. Als der Vater nach Parchim versetzt wurde, siedelte die Familie in diese etwa 60 Kilometer entfernte mecklenburgische Kleinstadt über. Am 1. Oktober 1886 wurde der Bruder Werner Emanuel Paul geboren.

Die Familie Behm legte großen Wert auf eine gute Bildung der Söhne. Nach der Vorschule[2] besuchten Alexander und sein Bruder Otto das Friedrich-Franz-Gymnasium.

Alexander war ein Schüler mit sehr mäßigen Leistungen, der auch Klassen wiederholen musste[29, 66]. In der Obertertia, seiner letzten Klassenstufe im Parchimer

---

[1]Eine Gedenktafel an seinem Geburtshaus in der Kütiner Straße Nr. 3 erinnert daran.
[2]Die Vorschule bereitete in drei Jahren auf den Besuch eines Gymnasiums vor. Eine Alternative zur vierjährigen Grundschule, für die erhebliche Gebühren aufzubringen waren.

Abbildung 1: Wappen der Familie Behm

Gymnasium rangierte er leistungsmäßig auf Platz 13 in seiner Klasse mit 15 Schülern. Latein und Französisch lagen ihm besonders wenig; sehr gute oder gute Zensuren erhielt er in keinem Fach. Die Kopfnoten wie Betragen, Fleiß und Ordnung wiesen Mängel auf.

Alexander verbrachte in und um Parchim Kindheit und Jugend mit einer Fülle von Erlebnissen in der kleinen Stadt und ihrer Umgebung. Abenteuer in Feld, Wald und am Wasser faszinierten den Jungen und waren ihm wesentlich wichtiger als die Schule. Alles, was in die Hosentaschen passte, wurde gesammelt und nach Hause gebracht; Steine, Käfer, Schmetterlinge und Vögel waren darunter – es entstand eine richtige Sammlung.

Natürlich gehörte auch das Angeln dazu. Mit einer primitiven selbstgebauten Angel fing er seinen ersten Fisch, ein kleines Rotauge, an einer krummgebogenen Stecknadel. Seine Begeisterung muss groß gewesen sein, denn der kleine Fisch musste „zu einer Mahlzeit für drei Personen reichen", wie Behm berichtet[4]. Dieses so wenig spektakuläre Ereignis war der Beginn seiner großen Angelleidenschaft, die sein ganzes Leben begleiteten sollte.

Auch die Anfänge seiner Jagdpassion fielen in diese Zeit. Knallerei und Schusswaffen begeisterten den Jungen. Mit zusammengespartem Taschengeld erwarb er beim Kaufmann ein damals frei verkäufliches doppelläufiges Terzerol, eine kleine Vorderladerpistole, eine sogenannte Taschen- oder Damenpistole. Mit dem Bruder Otto wollte Alexander herausfinden, was beim Abfeuern passiert, wenn die beiden Läufe verkeilt sind. Die so präparierte Waffe wurde an einen Baum gebunden und mit einer langen Schnur der Schuss ausgelöst. Die Pistole flog auseinander[66, S. 6f]. Die Neugier war zunächst gestillt, aber Pistole und Gewehr blieben für den späteren Jäger und Erfinder von Bedeutung.

Während das Sprengen des Terzerols noch zu den gewiss nicht ungefährlichen Jungenstreichen gehörte, war seine Frage, ob man unter Wasser auch hören könne und wie das zu klären wäre, ein erster Hinweis auf sein später zu Tage getretenes außergewöhnliches Interesse an physikalischen Fragestellungen. Durch Zusammenstoßen der Handballen erzeugte Alexander einen schwachen Unterwasserschall, den ein getauchter Kamerad in größerer Entfernung vernehmen konnte und durch Handzeichen bestätigen musste. Alexander stellte staunend fest, dass Wasser den Schall wesentlich besser leitet als Luft.

Alexander war von dem Einfallsreichtum und handwerklichem Geschick seines Vaters sehr beeindruckt. Der Postbeamte beschäftigte sich in seiner Freizeit mit Bildhauerarbeiten, schnitzte und schreinerte. Für sein Postamt entwickelte er eine Geldwechselschwinge – einen flachen Holzblock mit Vertiefungen zur Aufnahme von Wechselgeld – und ließ sie patentieren. Mit Genehmigung des Generalpostdirektors Heinrich von Stephan vermarktete der Vater seine Erfindung[66, S. 1f].

Wegen der Versetzung des Vaters zog die Familie Behm im Jahre 1896 in das damals deutsche Hadersleben, das heute dänische Haderslev. Alexander wurde dort Schüler des 1567 gegründeten humanistischen Gymnasiums[3]. In Südjütland war Dänisch die

---
[3]Damals Königliches Gymnasium (Johanneum) zu Hadersleben, heute Katedralskole Haderslev.

hauptsächlich gebrauchte Sprache, jedoch wurde an der Schule deutsch unterrichtet. Sein Klassenlehrer, Professor[4] Göcker, war überzeugt, dass aus Alexander nichts werden könne. Ihn empfand Alexander als besonders verknöchert. Seine schulische Leistungen blieben so schwach, dass er schon beim ersten Versetzungstermin das Klassenziel nicht erreichte[66, S. 11].

Alexander Behms außergewöhnliche praktische Fähigkeiten bewiesen sich auch beim Bau eines Mikroskops. Schon im Besitz eines Okulars brauchte er noch ein Objektiv. Hier kam ihm seine Geschicklichkeit im Umgang mit Glas zu Gute. Aus Glasfäden, die er mit dem Bunsenbrenner auszog, schmolz er ein kleines Kügelchen, das durch einen von ihm erdachten Kniff kugelrund wurde und keine Luftbläschen enthielt. In eine abgeschnittene Patronenhülse eingepasst, diente es als Objektiv des Mikroskops. Den mechanischen Teil des Mikroskops baute er aus Teilen von Nähmaschine, Fahrrad, und Petroleumlampe zusammen. Behm verfügte auf diese Weise nicht nur über ein funktionierendes Mikroskop mit 300-facher Vergrößerung, sondern hatte auch ein vollständiges Verständnis dieses Gerätes gewonnen, das er später bei seinen Entwicklungen einsetzte[66, S. 15]. Die Erlebnisse und Erfahrungen seiner Kindheit wurden zu einem Schatz der Erinnerungen und blieben das ganze Leben über unvergessen. Immer wieder wurden sie Ansatzpunkt für die Lösung von Problemen des Erfinders.

Trotz der allgmeinen Leistungsschwäche gab es eine Ausnahme: die Physik, sein Lieblingsfach. Die Elek-

---

[4]Damals im Deutschen Reich in Gymnasien übliche Amtsbezeichnung.

trotechnik, damals Spitzentechnologie, hatte es dem Schüler besonders angetan. Da konnte er sich konzentrieren und eine außerordentliche Begabung entwickeln, die seinem Physiklehrer Professor Konrad Dunker auffiel. Dunker griff zur Vorbereitung seiner Versuche für den Unterricht gern auf die Unterstützung seines Schülers zurück. Es erwuchs eine enge Zusammenarbeit auch für Dunkers eigene physikalische Versuche.

Alexander Behm erfuhr durch die Zusammenarbeit mit Konrad Dunker eine besondere Förderung, die für seine berufliche Laufbahn von größter Bedeutung werden sollte. Doch zunächst musste das sogenannte „Einjährige", das heißt die Versetzung in die Obersekunda, geschafft werden. Die entsprechende Prüfung bestand Alexander nicht, so dass eine weitere „Ehrenrunde" fällig war. Wieder sollte er durchfallen, aber Dunker setzte sich in der Lehrerkonferenz für den physikbegeisterten Schüler ein. Es sei eine Schande, einen solchen Schüler durchfallen zu lassen, nur weil er absolut einseitig begabt sei[66, S. 12]. Man entschloss sich dann doch, Alexander die Mittlere Reife zu bescheinigen, mit der er die Schule verließ.

Trotz des fehlenden Abiturs wollte Behm an einer Technischen Hochschule Elektrotechnik studieren. Immerhin gab es die Möglichkeit, auch ohne Abitur nach einem einjährigen Praktikum zum Studium zugelassen zu werden. Behm begann ein Praktikum bei dem Schlossermeister Petersen in Hadersleben, der gusseiserne Plätteisen produzierte. Die Arbeit behagte dem jungen Mann gar nicht, denn er musste sie tagaus, tagein blank feilen. Unterdessen lernte Alexander den Regiments-Büchsenmacher kennen, der außer der Wartung von Militärgewehren auch Jagdwaffen reparierte. Kein Wunder, dass diese Tätigkeit dem jagdlich interessierten „Terzerolsprengmeister" ungleich besser gefiel. Er beendete seine Tätigkeit bei Petersen und wechselte zur Büchsenmacherei. Doch bald verlor Behm das Interesse auch an dieser Arbeit. Der Meister hatte ein Einsehen und ließ den Praktikanten die physikalischen Geräte für seine Zusammenarbeit mit Professor Dunker herstellen.

In dem Artikel „Schulversuche mit der Influenz-Elektrisiermaschine" aus dem Jahre 1899 dankt Dunker seinem ehemaligen Schüler Behm für dessen Unterstützung bei seinen Versuchen[21, S. 2]:

> Zu diesem Zwecke habe ich während des letzten Schuljahres mit dem angehenden Elektrotechniker Alexander Behm, einem früheren Schüler unserer Anstalt, zusammengearbeitet, dem ich für manche Vorschläge bei der Anordnung der Versuche und besonders für die Anfertigung von Apparaten bei der Veröffentlichung dieser Arbeit zu Dank verpflichtet bin.

In einer Zeit ohne Strom aus der Steckdose musste Elektrizität für Experimente mit höheren Spannungen und Stromstärken erst mit Elektrisier- oder Influenzmaschinen erzeugt werden. Dunker würdigt Kreativität und Tatkraft seines ehemaligen Schülers beim Bau einer verbesserten Influenzmaschine[21, S. 14]:

> Während unserer Versuche sind uns verschiedene Mängel an der Influenzmaschine aufgefallen, welche Anlaß gaben, daß Behm für mich

eine selbsterregende Influenzmaschine angefertigt hat, die in ihrem Bau von dem der benutzten Maschine unserer Anstalt abweicht.

Die mit Hilfe der handbetriebener Influenzmaschinen erzeugten elektrischen Ladungen wurden in so genannten Leidener Flaschen – erste Bauformen von Kondensatoren – gespeichert. Besonderes Geschick bewies Behm bei der Herstellung besonders großer Leidener Flaschen aus 50-Liter Säureballons. Dazu musste der große Glasbehälter innen und außen mit Stanniolfolie beklebt werden. Um die Folie innen anzubringen, hatte Behm eine Technik entwickelt, in den Ballon seitlich einen Zugang für diese Arbeit zu schaffen. Er sprengte mit Hilfe der spitzen Flamme eines Gasgebläses und eines feuchten Tuchs seitlich ein ovales Loch in den Glasballon. Behm kam auf die Idee, die elektrischen Flaschen zu einer ganzen Batterie mit hoher Leistung zusammenzufassen. Zusammen mit Dunker entstand daraus eine gemeinsame Publikation über Experimente mit hohen Spannungen und Stromstärken[16].

Dunker führte zusammen mit seinem begabten Mitstreiter die damals klassischen Versuche der Elektrizitätslehre durch. Experimente dieser Art wurden auch den Studenten der Elektrotechnik gezeigt, so dass Behm hierdurch eine hervorragende Vorbereitung für das geplante Studium der Elektrotechnik erhielt. Wie aktuell zumindest der Physikunterricht am Haderslebener Gymnasium gewesen war, zeigt die Tatsache, dass die Schule eine Röntgenröhre beschaffte, mit der es Dunker sogar gelang, eine Hand zu durchleuchten und Röntgenaufnahmen von Patienten des Haderslebener Arztes

Dr. Magaard zu machen. Über die damit verbundenen Gefahren wusste man noch wenig. Bei einer Vorführung physikalischer Versuche im Hause Magaards lernte Alexander Behm die Schwester der Ehefrau, Johanna Glamann, kennen. Johanna Glamann, Tochter eines mecklenburgischen Gutsbesitzers, war einige Monate älter als Alexander. Offenbar hatten die Vorführungen und Vorträge Alexanders die junge Frau fasziniert und ihn ihre warmherzige Art. Es sollte eine Verbindung für das ganze Leben werden.

Studium und erste Berufstätigkeit

Mit dem „Einjährigen" in der Tasche wollte der junge Absolvent an der renommierten Großherzoglichen Technischen Hochschule in Karlsruhe Physik studieren. Für die Einschreibung war bei fehlendem Abitur neben einem einjährigen Praktikum auch die Beherrschung der höheren Mathematik erforderlich. Wieder konnte sich Alexander Behm auf die Unterstützung durch seinen ehemaligen Physiklehrer verlassen, der ihm zum Erwerb der fehlenden Kenntnisse Privatstunden gab.

Ende 1901 begann Behm, Lehrbücher durchzuarbeiten und darin enthaltene Aufgaben systematisch zu lösen. Die erhaltenen Aufzeichnungen zeigen dabei sein großes Geschick und seine Beharrlichkeit. Auf diese Weise bereitete sich der junge Mann in Algebra, Stereometrie, Differential- und Integralrechnung sowie Planimetrie vor.

Die Fahrt im Personenzug von Hadersleben nach

Karlsruhe dauerte mehr als zwei Tage. Der Vater hätte für derartige Reisen zwar die Postkutsche favorisiert, aber sie gab es nicht mehr. Nach Ansicht des Vaters würde die Benutzung des Schnellzuges nicht die Möglichkeit geben, unterwegs Land und Leute kennen zu lernen. Die hatte Alexander nun im Bummelzug, denn die Mitreisenden wechselten ständig. „Allmählich, je weiter wir dem Süden zustrebten, wurden die Dialekte unverständlicher, und als ich gar nichts mehr verstehen konnte, war ich in Karlsruhe angelangt.", erinnerte sich der Reisende[66, S. 19].

Der Versuch, sich an der Technischen Hochschule in Karlsruhe zu immatrikulieren, scheiterte unerwartet. Das Praktikum beim Büchsenmacher wurde nicht anerkannt. Anstatt zu resignieren und wieder heimzureisen, suchte der junge Studierwillige in bester Garderobe den Rektor und Vorstand der Abteilung Elektrotechnik, Professor August Schleiermacher, auf. Dieser empfing den Petenten kühl und abweisend, aber Behm ließ nicht locker. Er legte die in den Schulprogrammen des Johanneums ausgewiesene Zusammenarbeit mit seinem Lehrer Dunker vor und schilderte die beim Büchsenmacher durchgeführten Arbeiten für die physikalischen Versuche auf den Gebieten der Röntgenstrahlen und der drahtlosen Telegrafie sowie sein Verfahren, große Leidener Flaschen herzustellen. Schleiermacher war von dem jungen Mann beeindruckt und sagte, wenn er das gleich erwähnt hätte, wäre er nicht abgelehnt worden. Fünfunddreißig Jahre später erinnerte Schleiermacher in einem Glückwunschschreiben[5] an seine Unterstützung für Behms Immatrikulation.

---

[5]StaK, Nachlass Behm D39

Behm begann das Studium der Elektrotechnik im Sommersemester 1902 – wegen des fehlenden Abiturs als außerordentlicher Student. Sicherlich war die intensive Vorbereitung für die Zulassung zum Studium von großem Wert. Das dürfte auch für den Studienerfolg in den von ihm belegten Fächern[6] gegolten haben, da er sein Studium im zweiten Fachsemester begann.

Durch seine Zusammenarbeit mit Dunker verfügte Behm schon über ein erhebliches Wissen und Erfahrungen mit Versuchen aus der Elektrizitätslehre. Bei einer misslungenen Vorführung eines physikalischen Experiments durch einen Assistenten griff der Student spontan ein und behob den Fehler. Denselben Versuch hatte Behm schon zusammen mit Dunker ausgeführt. Durch diese Aktion fiel der im Wortsinne außerordentliche Student dem Geheimrat Professor Otto Lehmann auf, dem Entdecker der flüssigen Kristalle[7] und Nachfolger auf dem Lehrstuhl von Heinrich Hertz. Er machte den Studienanfänger zu seinem zweiten Assistenten.

Professor Lehmann, der den Studenten in seinen Vorlesungen über Elektrizität gerne spektakuläre Experimente mit großen Stromstärken vorführte, schätzte auch die Fähigkeit seines zweiten Assistenten, große Leidener Flaschen herzustellen. In den Semesterferien baute Behm aus 40 bis 50 großen Glasballons eine Art „Überbatterie", die in einem Raum unter dem Vorlesungssaal installiert wurde.

---

[6] Infinitesimalrechnung, Analytische Geometrie, Darstellende Geometrie II, Experimentalphysik II, Organische Experimentalchemie, Maschinenkunde, Maschinenzeichnen, Deutsches Verfassungs- u. Verwaltungsrecht.
[7] Flüssige Kristalle bilden die technische Grundlage der Flachbildschirme.

Abbildung 2: Otto Lehmann in seinem Labor 1907

Erste wissenschaftliche Erfolge

In seiner neuen Funktion lernte Alexander Behm Lehmanns ersten Assistenten und späteren Professor Hermann Sieveking kennen und schätzen. Es entwickelte sich eine sehr gute und vertrauensvolle Zusammenarbeit der beiden. Sieveking, der einer hochangesehenen Hamburger Patrizierfamilie entstammte, arbeitete an seiner Habilitationsschrift, die die Messung von Schallstärken zum Gegenstand hatte. Als Schallquelle diente eine Stimmgabel mit Resonanzkasten, die mit Hilfe eines Elektromagneten zum Schwingen gebracht wurde. Eine zweite Stimmgabel gleicher Eigenfrequenz, die durch den Schall zu Resonanzschwingungen angeregt wird, sollte die Schallintensität messen. Die Schwingungsweite ihrer Zinken ist ein Maß für die Schallstärke. Doch wie kann man ihre winzigen Ausschläge sichtbar machen? Da hatte der zweite Assistent eine originelle Idee: An die eine Zinke der aufnehmenden Stimmgabel wurde ein Glasfaden mit einer passenden Eigenfrequenz angebracht, der durch Resonanz so kräftig ausschlug, dass man seine Schwingungsweite mit dem Mikroskop ausmessen konnte. Eine durch Einschmelzen des freien Endes des Glasfadens angebrachte kleine Kugel wirkt als Linse, die bei entsprechender Beleuchtung einen Lichtpunkt auf einen Schirm wirft. Schwingt die Gabel mit, wird der Lichtpunkt zu einem Strich ausgezogen, dessen Länge, mit einem Mikroskop beobachtet, die Schallstärke anzeigt.

Der Student Behm enwickelte auf der Grundlage dieses Konzepts in wenigen Monaten das *Stimmgabelsonometer*, mit dem Schallintensitäten im Raum gemessen werden konnten. Ende August 1904 meldete Behm das Österreichische Patent „Meß- und Registriervorrichtung für schwingende Körper" an. Ein entsprechendes Patent im Deutschen Reich wurde ihm 1906 erteilt.

Im *Membransonometer* (Abbildung 3) wirkt der Schall nicht auf eine zweite Stimmgabel, sondern über einen Helmholtz-Resonator auf eine Membran, die ihre Schwingungen auf den Glasfaden überträgt. Aus der für Sievekings Habilitationsschrift begonnenen Arbeit entstand die gemeinsame Veröffentlichung „Akustische Untersuchungen" in den berühmten *Annalen der Physik*. In dem schon im Juli 1904 mit Hermann Sieveking fertiggestellten und noch im selben Jahr publizierten Artikel[61] wird die Messmethode in allen Einzelheiten dargestellt und über verschiedene akustische Experimente berichtet.

Durch den in Karlsruhe studierenden Sohn des Fabrikanten Carl Grünzweig kam ein Kontakt zur Firma *Grünzweig & Hartmann* zustande. Der Chemiker Grünzweig hatte den aus zerkleinertem Kork, Ton und Pech gefertigten „Korkstein" erfunden, der in Form von Platten schall- und wärmdämmend wirkte. Sieveking und Behm führten Versuche an diesen Dämmplatten in einem Laboratorium der Firma durch. Ein Verwandter Grünzweigs, Friedrich Rudolf Metz, Direktor der Korksteinwerke Wien-Budapest, die nach den Patenten Grünzweigs arbeiteten, machte Behm das Angebot, nach Wien zu kommen, um dort seine Versuche fortzusetzen.

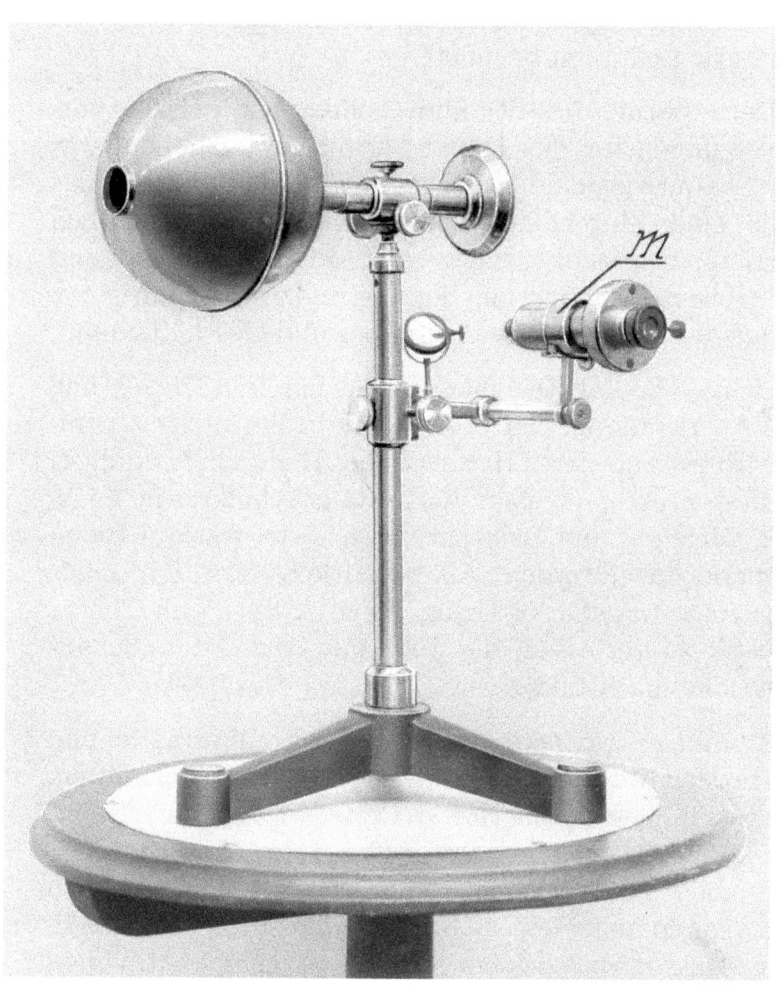

Abbildung 3: Membransonometer mit Mikroskop

Für den 24-jährigen Assistenten ohne bezahlte Stelle[8] war das angebotene Gehalt so attraktiv, dass er das Angebot annahm und noch 1904 Studium und Tätigkeit bei Professor Lehmann beendete.

Der Abbruch des Studiums, ohne auch nur die Voraussetzungen für das Diplom erworben zu haben, war eine schwerwiegende Entscheidung. Sie markierte das Ende einer durchaus wahrscheinlichen akademischen Karriere, zeigte aber auch den Mut zum Risiko und das große Selbstvertrauen des Vierundzwanzigjährigen – Voraussetzungen für einen Erfinder und Geschäftsmann.

Behms Sonometer fand in Fachkreisen Beachtung und Anerkennung. Der prominente Professor für technische Physik an der TH Karlsruhe, Heinrich Meidinger, zu dessen Arbeitsgebiet auch Haustechnik, wie Feuerung, Heizung und Beleuchtung gehörte, war auf Behm aufmerksam geworden. Als Schriftleiter der *Badischen Gewerbezeitung* bat er Behm, einen Artikel zum Thema Akustik zu verfassen, der 1905 mit dem Titel „Schall-Isolation" erschien[5].

Meidinger war vom Weggang Behms überrascht und setzte sich für „Dr." Behm bei dem ihm bekannten, höchst einflussreichen Hofrat Professor Wilhelm Exner, Direktor des von ihm gegründeten Technologischen Gewerbemuseums in Wien, dafür ein, Behm eine seinen Fähigkeiten angemessene berufliche Position zu ermöglichen. Dass der „Assistent" Behm gar keinen Abschluss hatte und natürlich nicht promoviert war, fiel dem da-

---

[8]Gemäß Auskunft des Landesarchivs Karlsruhe war Behm nicht in Landesdiensten.

mals 73-jährigen Meidinger dabei nicht auf[9]. In seinem Empfehlungsschreiben an Wilhelm Exner hob er besonders die von Behm entwickelten Instrumente für objektive akustische Messungen hervor und empfahl eine fachliche Begutachtung. Meidinger war überzeugt, dass die von Behm entwickelten Instrumente für die technische Untersuchung der Schallisolation insbesondere in der Baustoffindustrie geeignet wären[10].

Mit dem beträchtlichem Jahresgehalt von 4000 Goldmark konnte Behm an die Familiengründung denken. Am 14. Februar 1905 heiratete Alexander Behm seine Jugendliebe Johanna, die er anlässlich eines von ihm im Bürgerverein Hadersleben gehaltenen Vortrags über die neu entdekten Röntgenstrahlen kennengelernt hatte.

Die Korkstein AG in Mödling bei Wien nutzte die außergewöhnlichen Fähigkeiten Behms für das Unternehmen. Man richtete für seine Forschungs- und Entwicklungsarbeit ein Laboratorium ein, das man auch im Hinblick auf die Außenwirkung „Physikalisch-Technische Versuchsanstalt der Korkstein AG" nannte, und bestellte ihn zum Vorstand. Für den Fünfundzwanzigjährigen ohne akademischen Abschluss war das eine Blitzkarriere und gleichzeitig Ausweis einer hohen Wertschätzung seiner Arbeit.

In der neuen Funktion beschäftigte sich Behm mit der Schall- und Wärmeleitfähigkeit von Stoffen, in der Hauptsache natürlich von Baustoffen. Hier leistete Behm Forschungsarbeit auf akustischem Gebiet und

---

[9]Brief Meidingers vom 16.12.1904. StaK, Nachlass Behm D72.
[10]Abschrift eines Empfehlungsschreibens vom 29.12.1904. StaK, Nachlass Behm D72.

Abbildung 4: Ehepaar Behm ca. 1905

beschäftigte sich auch auch mit den physiologischen Merkmalen des menschlichen Hörens. Er schuf auch eine Reihe von Geräten zur Bestimmung der Wärmedurchlässigkeit isolierender Stoffe, worüber er 1910 auf dem Zweiten Internationalen Kältekongreß in Wien berichtete[22]. Die Kenntnisse der Akustik und die von Behm konstruierten Geräte ermöglichten messtechnische Untersuchungen zur Schalldurchlässigkeit von Baustoffen und die Bestimmung der Akustik von Räumen, Konzertsälen und Kirchen. Der junge Chef der Versuchsanstalt arbeitete gut mit dem Chefingenieur der Korksteinfabrik Braikowich zusammen, hielt Vorträge und publizierte eifrig. Seine Vorträge über Schallmessung und Akustotechnik in Wien und Graz wurden von Architekten und Ingenieuren, aber auch von angesehenen Physikern der Universität Graz geschätzt.

Die von Behm entwickelte Schallstärkemessung mit dem Stimmgabelsonometer weckte auch das Interesse der Medizin, speziell der Ohrenheilkunde. Sein im Juni 1906 gehaltener Vortrag „Über Schallmessung und Akustotechnik" erschien in den „Verhandlungen der Deutschen Otologischen Gesellschaft". Der Leiter des Physiologischen Instituts der Universität Graz, Oskar Zoth[11], bat Behm, ihn über das Universalsonometer zu informieren oder ihm ein Gerät für Messungen leihweise zu überlassen. Der prominente Professor Max Wien schickte Behm sogar seine Dissertation „Über die Messung der Tonstärke" aus dem Jahre 1888. Behm hatte sich als Akustiker einen Namen gemacht.

---

[11] Brief vom 20.4.1906. StaK, Nachlass Behm D72.

Untergang der *Titanic* und die Idee des Echolots

Im April 1912 kollidierte der als unsinkbar geltende Luxusdampfer *Titanic* auf seiner Jungfernfahrt über den Atlantik mit einem Eisberg und riss 1500 Menschen in den Tod. Dieses weltweit beachtete Unglück sollte für den 31-jährigen Behm entscheidend für seine außergewöhnliche Entwicklung als Erfinder und Unternehmer werden.

Eisbergwarnsysteme wurden nun öffentlich erörtert. Ein ehemaliger Student regte Behm an, doch einmal zu untersuchen, ob seine Schallmessmethoden für die Warnung vor Eisbergen nutzbar gemacht werden könnten. Behm griff die Anregung auf und kam zu dem Ergebnis, dass im Wasser schwimmende Eisberge wegen ihrer unregelmäßigen Form den Schall nicht ausreichend gut reflektieren würden. Seiner Ansicht nach war deshalb ein sicher arbeitendes schallbasiertes Eisbergwarnsystem nicht zu verwirklichen[12].

Die auf dieses Problem bezogenen Überlegungen beschäftigten den Schallexperten trotzdem weiter. Behm erzählte, wie er auf die Idee gekommen war, mit Hilfe des Schalls die Wassertiefe zu bestimmen. In einer Beilage zur *Deutschen Anglerzeitung* von 1928 heißt es[4]:

> Allerdings, so weit habe ich es noch nicht gebracht, daß ich ein Taschen-Echolot zum Gebrauch beim Angeln konstruiert habe, aber

---

[12]Dieser Ansicht zum Trotz stellte der kanadische Erfinder Reginald Fessenden 1914 den „Iceberg Detector and Echo Sounder" vor. Der britische Mathematiker Lewis Fry Richardson erhielt 1912 zwei Patente für ein Sonar, die jedoch keine Geldgeber fanden.

Loten tut der Angler, wenigstens der Grundangler, ja auch, und ausgedacht habe ich das „Echolot" ebenfalls beim Angeln, so daß also Angelsport und Echolot in engster Verbindung miteinander stehen.

Es ist nicht unwahrscheinlich, dass die Muße beim Angeln solche Einfälle produziert. Den weiteren Gang der Dinge schilderte der siebzigjährige Behm folgendermaßen[45, S. 134]:

Doch hat man einmal eine Idee gefaßt, so arbeitet sie auch im Unterbewußtsein weiter, und so war es auch bei mir. Eines Tages ging ich mit meiner Frau in Wien, wo ich damals wohnte, auf der Maria-Hilfer-Straße spazieren, als ich sie plötzlich am Arm packte: „Du, ich habe eine Idee. Mit dem Eisbergsuchen, das ist nichts, aber man könnte doch einmal versuchen, ein Echo vom Meeresgrunde aufzufangen und aus der Stärke desselben oder aus der Echozeit die Wassertiefe zu ermitteln. Das wäre ein Verfahren, an dem doch die gesamte Schiffahrt interessiert sein müßte."

Die Überlegung, dass der Meeresgrund den Schall viel besser als ein unregelmäßig geformter Eisberg reflektieren müsse und die Tatsache, dass Wasser den Schall vorzüglich leitet, bestärkten den Akustiker zusätzlich. Die Messung von Schallstärken mit seinem Sonometer war Behm bestens vertraut. Natürlich wusste er, dass noch viele Fragen zu klären waren, bevor an die Umsetzung seiner Idee zu denken war. Hätte er wirklich gewusst, wie weit der Weg von der Idee bis zu einem brauchbaren Apparat war, wäre er ihn vielleicht nicht gegangen.

Behm hatte sein Sonometer zur Messung der Schallstärke eingesetzt und hatte jetzt vor, aus der Intensitätsabschwächung des Schalls auf dem Weg von der Wasseroberfläche zum Grund und zurück die Länge des Schallwegs zu bestimmen. Die Schallintensität nimmt mit dem Quadrat der zurückgelegten Wegstrecke ab. Somit verringert sich die Schallstärke bei Verdoppelung des Schallwegs auf ein Viertel. Die für die Schifffahrt besonders wichtigen Lotungen geringer Wassertiefen müssten, so dachte Behm, durch Messung der Echointensitäten gut möglich sein. Für größere Wassertiefen sei die Schallstärkenmessung ungeeignet, weil dann die Intensität des reflektierten Schalls so stark abnimmt, dass kleine Messfehler der Echointensität zu großen Fehlern der daraus ermittelten Wassertiefe führen würden.

Ob der Untergang der *Titanic* tatsächlich den Beginn konkreter Überlegungen zur Entwicklung eines Apparates für die Messung der Wassertiefe mit Wasserschall war, ist nicht sicher. Behm hatte sich kurz vor der *Titanic*-Katastrophe von der Korkstein AG getrennt[66, S. 34]. Über die Gründe ist nichts bekannt. Allerdings ist es plausibel, dass ein so kreativer Kopf nach acht Jahren Vermessung von Baustoffen eine neue Herausforderung sucht. Behm begann 1912 mit Überlegungen und Vorarbeiten zur Umsetzung seiner Schallmessungen von Luft- auf Wasserschall, die er später in Kiel fortsetzte[10]. Hans Maurer, ausgewiesener Fachmann und Kenner der Echolotentwicklung, berichtet, dass Behm sich sogar schon seit 1911 mit dem Problem der Echolotung beschäftigte[40, S. 10]. Möglicherweise hatte Behm schon 1912 in Wien einen allerersten Entwurf einer Echolotanlage realisiert[13].

Am 24. September 1912 reichte Behm sein Echolotkonzept auf der Grundlage der Intensitätsmessung mit seinem Sonometer in Österreich zum Patent ein. Das Echolot – zumindest von der Idee her – war geboren[8, S. 289]. Das Patent wurde nicht erteilt, da in Österreich eine Idee allein nicht patentfähig war. Patentierbar wäre nur die technische Ausführung gewesen. Trotzdem war dieses Datum für Behm der Geburtstag seines Echolotes.

Der ausgewiesene Akustiker wusste natürlich, dass die Technik zur Nutzung des Wasserschalls in der Schifffahrt Konjunktur hatte. Schallsender und Mikrofone wurden für die Navigation, aber auch zur Ortung von U-Booten entwickelt und eingesetzt. Behm traute sich auch auf diesem Gebiet eine Menge zu. Zur Umsetzung seiner Idee brauchte der selbstbewusste Schallexperte Geldgeber. Also wandte er sich mit einer Kopie seiner Patentanmeldung an Personen und Firmen, bei denen er Interesse an seiner Patentidee vermutete.

Die Firma Krupp in Essen verwies ihn an die zum Krupp-Konzern gehörende *Germaniawerft* in Kiel, die zwar selbst kein Interesse zeigte, aber Behm empfahl, sich an die *Signal Gesellschaft* und die Firma *Anschütz & Co.* zu wenden. Zu seiner Verwunderung erhielt Behm keine Antwort von der Signal Gesellschaft, die seit 1911 auf dem Gebiet des Unterwasser-

---

[13]Ein konkreter Hinweis ist die Datierung des „ersten Echolotes" auf 1912 in einem Poster der Behm-Echolot Gesellschaft.

schalls spezialisiert war und für die Marine Wasserschall-Signalanlagen fertigte. Sein Schreiben war dort einfach im Papierkorb gelandet, wie ihm später berichtet wurde[66, S. 34].

Der Erfinder des Kreiselkompasses, Hermann Anschütz-Kaempfe, antwortete jedoch sofort. Kurz vor Weihnachten 1912 kam es zu einem für Behm entscheidenden Treffen in der Kieler Villa von Anschütz-Kaempfe. Zwei von Herkunft, Statur und Status so verschiedene Männer begegneten sich. Behm, eher aus kleinen Verhältnissen, Physiker ohne Abitur und Hochschulabschluss, Anschütz, der sehr wohlhabende promovierte Kunsthistoriker mit besten Kontakten zur wissenschaftlichen und gesellschaftlichen Elite. Trotzdem gab es Gemeinsamkeiten, die beide verbanden. Anschütz hatte ein Medizinstudium abgebrochen und sich der Kunstgeschichte zugewandt und über die venezianische Malerei des 16. Jahrhunderts promoviert. Seine Idee, mit einem U-Boot den Nordpol zu erreichen, konnte nur gelingen, wenn er den dort versagenden Magnetkompass durch einen anderen Kompasstyp ersetzen konnte.

Die Absicht, die Richtungsstabilität der Drehachse eines Kreisels für die Konstruktion eines Kompasses zu nutzen, der unabhängig vom Magnetfeld der Erde ist, war ähnlich verwegen wie der Plan, mit Hilfe des Schalls die Wassertiefe zu messen. Beide Vorhaben waren von größter Bedeutung für die Schifffahrt – wenn sie denn Wirklichkeit würden[14]. Die physikalische Theorie des Kreisels war zwar längst bekannt, aber den idea-

---

[14]Verglichen mit Behm war Anschütz der Realisierung seines Projektes wesentlich näher.

len Kreisel, für den die Physik entwickelt worden war, gibt es nicht in der Realität. Allerdings wurde schon Ende des 19. Jahrhunderts der Kreisel, auch Gyroskop genannt, zur Richtungsstabilisierung von Torpedos verwendet. Dazu wurde der Kreisel beim Abschuss des Torpedos angestoßen und bewirkte, solange er rotierte, den Geradeauslauf des Torpedos. Für einen Einsatz des Kreisels als Kompass, musste ihm jedoch dauerhaft Energie zugeführt werden, um die Rotation aufrecht zu erhalten.

Anschütz-Kaempfe war davor gewarnt worden, sein Projekt in die Tat umsetzen zu wollen. Mit dem nötigen Schuss naiven Vertrauens in eigene Fähigkeiten schlug er diese Warnungen der Fachleute in den Wind und schuf den genialen Kreiselkompass. Als Autodidakt in Physik und Technik arbeitete er mit Albert Einstein und Arnold Sommerfeld an der Lösung der schwierigen technischen Probleme zusammen. Im Gegensatz zu Behm war der acht Jahre ältere Anschütz bereits Firmeninhaber und erfolgreicher Geschäftsmann. Vielleicht konnte der ehemalige Medizinstudent, Kunsthistoriker und Erfinder den außergewöhnlichen Lebensweg Behms in besonderer Weise würdigen und seinen Ideenreichtum, seine Durchsetzungskraft sowie die Bedeutung der Echolotung erkennen.

Behms Auftritt in der Villa muss sehr überzeugend gewesen sein. Sein guter Ruf als ausgewiesener Akustiker, seine Patentanmeldung in Österreich und die bereits geleisteten Vorarbeiten gaben den Ausschlag. Nach einer Stunde war man sich einig. Anschütz übernahm die Erfindung und sicherte Behm den jährlichen Betrag von

10.000 Goldmark[15] zu. Behm sollte zusätzlich vom erhofften Reingewinn aus der Vermarktung des Echolotes 25 % erhalten und für den Fall der Auflösung des Vertrages das kostenlose Mitbenutzungsrecht der übertragenen Patente. Alle Veröffentlichungen zum Echolot sollten unter Behms Namen erscheinen[66, S. 34]. Für Behm war mit dieser Vereinbarung nicht nur die finanzielle Absicherung seiner Entwicklungsarbeit gesichert. In Anschütz hatte Behm einen ganz außergewöhnlichen Förderer für sein Projekt gefunden, der über glänzende Verbindungen zur Wissenschaft und zur Marine verfügte.

Kiel, Marinestadt und Reichskriegshafen, war damals ein wichtiger Standort der Forschung und Entwicklung auf dem Gebiet des Wasserschalls mit ziviler und militärischer Bedeutung. Die Kieler Förde bot zudem ein Revier für entsprechende Experimente. Mit einer großen Portion Selbstvertrauen und Optimismus wagte sich der 32-jährige Behm auf das neue Fachgebiet. Er zog nach Kiel, um das Echolot zu bauen.

Natürlich wusste Behm, wie wichtig Lotungen für die Schiffahrt sind. Wie aus seinem Patentantrag hervorgeht, wusste er auch von Ideen, die Messung der Echozeit zur Feststellung der Wassertiefe zu nutzen. Trotzdem war er weder Kenner diese Fachgebietes, noch waren ihm die entsprechenden Versuche und Ideen anderer bekannt. Vielleicht beförderte diese Unwissenheit den schließlich erfolgsgekrönten Wagemut. Der Erfinder formulierte es recht deutlich[66, S. 98]:

---

[15]Heutiger Wert einer damaligen Goldmark ca. 5 Euro.

Wenn ich heute auf die jahrelangen Entwicklungsarbeiten an meinem Echolot zurückblikke, so erkenne ich, dass es mir ungefähr so ergangen ist, wie dem Reiter über den Bodensee. Nur dadurch, dass ich am Anfang die Schwierigkeiten, die sich der Lösung des Problems entgegenstellten, bei weitem nicht richtig erkannte und glaubte, ein leichtes Spiel zu haben, nur dadurch, dass ich damals nicht wusste, wieviele Leute aus der ganzen Welt sich an der gleichen Aufgabe schon die Zähne ausgebissen hatten, und eigentlich gar nicht erwarten durfte, dass es mir, als einem Außenseiter, gegenüber all den Fachleuten auf diesem Gebiete gelingen könnte, das Problem zu lösen, nur dadurch brachte ich in jugendlichem Leichtsinn den Mut auf, mich an die schwierige Aufgabe heranzuwagen. Als glücklicher Umstand kam mir zugute, dass ich die Idee des Echolotes selbständig fasste und keine Ahnung hatte, dass andere schon vor mir den gleichen Gedanken gehabt hatten, ohne jedoch zu einer Lösung zu kommen.

Um ermessen zu können, in welchem Umfeld der von seiner Idee beseelte Erfinder an die Arbeit ging, bietet sich ein Blick auf die Tradition und den damaligen Stand der Technik an, die Wassertiefe festzustellen.

Herkömmliches Loten

Ungewollte Grundberührungen bedeuten für Schiffe und ihre Besatzungen höchste Gefahr und müssen auf jeden Fall vermieden werden. Es muss immer die berühmte eine „Handbreit Wasser unter dem Kiel" behalten werden. Dazu wurde schon von den Ägyptern das Loten der Wassertiefe mit einem Gewicht – dem Lot – an einer Leine vorgenommen. Entsprechende bildliche Darstellungen sind ca. 4000 Jahre alt[27]. Das Verfahren ist denkbar einfach: Das Lotgewicht wird an einer Leine über Bord geworfen. Wenn es den Grund erreicht, wird die Leine schlaff. Die Länge der bis dahin ausgelaufenen Leine gibt die gelotete Tiefe an.

Die Tiefenmessung war bei ungenauer Positionsbestimmung für die Navigation in flachen Gewässern unverzichtbar. Es schloss sich eine lange Entwicklung des Lotens mit Lotblei und Leine an. Es wurden Segelanweisungen entwickelt, in denen Wassertiefen und die Art des Meeresbodens der Navigation dienten. Die ersten Seekarten für die Küstengewässer entstanden.

Auf Schiffen der Kaiserlichen Marine wurden einfache Handlote mit Lotgewichten von 2,5 bis 5 kg und einer bis zu 90 m langen Hanfleine mit Tiefenmarkierungen eingesetzt. Die Kenntnis ihrer Handhabung gehörte zu den Anforderungen an einen Kriegsschiff-Obermatrosen[68, S. 181]. Das Loten war Knochenarbeit; das Schiff durfte nur sehr geringe Fahrt machen. Die Vorstellung, die Wassertiefe in voller Fahrt auf Knopfdruck an einem Apparat auf der Brücke ablesen zu können, war damals utopisch.

Größere Wassertiefen mit Lot und Leine zu ergründen, wird mit wachsender Tiefe immer schwieriger, bei großen Tiefen praktisch unmöglich. Die Geografie des Meeresbodens der Tiefsee, der über 60 % der Erdoberfläche ausmacht, war bis zur Mitte des 19. Jahrhunderts unbekannt. Immerhin hat Varenius[16] in der Mitte des 17. Jahrhunderts aus der Abgeschlossenheit des Erdkörpers geschlossen, dass eine unendliche Meerestiefe unmöglich ist.

Rund zweihundert Jahre später bekannte Alexander von Humboldt in seinem Werk Kosmos[69, S. 157]: „Die Tiefe des Ozeans ist uns unbekannt". Die geringen Kenntnisse über die Tiefsee waren zum Beispiel auch dem amerikanischen Admiral und Gelehrten Matthew Fontaine Maury bewusst, wenn er schreibt[42, S. 190]:

> Bis in die neueste Zeit, wo von der amerikanischen Flotte planmäßige Peilungen der tiefen See vorgenommen werden, war der Seeboden des von den Schiffern sogenannten „blauen Wassers" uns fast so unbekannt, wie das Innere eines Planeten unseres Systems.

Ein starkes wirtschaftliches Interesse an der Erkundung großer Wassertiefen entstand mit den Vorhaben, Tiefseekabel für die Signal- und Sprachübermittlung zu verlegen und dafür günstige Trassen zu finden, die teures Kabel sparen. Die damals mit den ersten Tiefseelotungen verbundenen Schwierigkeiten schildert Maury eindrucksvoll. Es wurden Kanonenkugeln als Lot

---

[16] Bernhard Varen, latinisiert Bernadus Varenius, 1622-1650, Verfasser des Werkes *Geographis generalis*[59].

und verschiedenartige Lotleinen eingesetzt, aber es war unmöglich, festzustellen, wann das Lot den Grund erreicht. Das Eigengewicht der Lotleine und Strömungen hielten sie unter Spannung, auch wenn das Lot den Grund erreicht hatte. Ruhige See war eine Voraussetzung für eine Tiefseelotung. Das Schiff musste während des gesamten Lotvorgangs aufgestoppt bleiben und die Abdrift verhindert werden. Um das mühselige und zeitraubende Heraufholen des Lotes zu umgehen, das häufig zum Bruch der Lotleine führte, wurde ein Abwurfslot eingesetzt, das beim Aufsetzen die Verbindung zur Lotleine löste.

Die Reibung der Lotleine im Wasser lässt das Lot mit wachsender Tiefe immer langsamer absinken. Schließlich reißt die Lotleine durch ihr eigenes Gewicht. Das sollten stärkere Leinen und schwerere Lote verhindern. Man setzte Lote bis zu 200 kg Gewicht ein. Die größten, mit dem Senklot gemessenen Tiefen gibt Maury mit 25.000 Fuß an, was gut 7.500 m entspricht.

Die für 1857 geplante Verlegung eines Transatlantikkabels von der irischen Westküste nach Neufundland veranlasste den berühmten Physiker William Thomson, den späteren Lord Kelvin, sich mit der Verbesserung der Tiefseelotung zu beschäftigen. Er ersetzte die herkömmliche Lotleine durch Klaviersaitendraht und maß den Wasserdruck am Meeresgrund. Dazu wurde ein mit Luft gefülltes Glasrohr mit dem Lotgewicht herabgelassen. Das eindringende Wasser presst die Luft zusammen und entfärbt eine im Rohr aufgebrachte farbige Chemikalie. Nach dem Heraufholen des Manometers kann die Eindringtiefe des Wassers abgelesen und die erreichte Wassertiefe bestimmt werden.

Um das Aufsetzen des Lotes auf dem Grund zu erkennen, bremste er das Auslaufen des Lotdrahtes derart, dass ein Drittel des Lotgewichts und das gesamte Gewicht des ausgebrachten Drahtes kompensiert wurden. Dazu musste mit zunehmender Tiefe die Bremskraft nach und nach erhöht werden. Wenn das Lotgewicht den Grund erreicht, wird kein weiterer Lotdraht abgezogen und die Tiefe kann festgestellt werden. Dieses Prinzip der Thomson-Lotmaschine wurde bei verschiedenen Weiterentwicklungen anderer Erfinder beibehalten.

Tiefseelotungen beschränkten sich somit auf die außerordentlich mühsamen und zeitraubenden „Drahtlotungen". Bei einer Wassertiefe von 4500 m dauerte es 33 Minuten bis das Lot den Meeresboden erreicht hatte und bis zu 4 Stunden, bis das Lot mit einer Dampfwinde wieder an Bord war. In dieser Zeit musste das Schiff aufgestoppt bleiben oder sogar aktiv die genaue Position halten. Entsprechend wenige Lotungen konnten in der Tiefsee durchgeführt werden.

In dieser Situation musste ein Verfahren, das ohne materiellen Kontakt mit dem Grund in Sekunden die Wassertiefe misst, als revolutionäre technische Entwicklung gelten. Daher wurde in verschiedenen Ländern vorgeschlagen, die Laufzeit des Schalls im Wasser zur Tiefenbestimmung zu nutzen. Diese naheliegende Idee zur Grundlage eines alltags- und bordtauglichen Geräts zu machen, war die Herausforderung, der sich der erfindungsreiche Behm, befeuert durch grenzenlosen Optimismus und einen Schuss Naivität stellte, ohne die Ideen seiner Vorgänger zu kennen. Wenn er gewusst hätte, was ihm bevorstand, hätte er das Projekt vielleicht gar nicht erst begonnen.

Entdeckung und Nutzung des Wasserschalls

Wer in der Badewanne den Kopf unter Wasser hält, wird bemerken, wie gut man unter Wasser hören kann. Das hatte auch schon Leonardo da Vinci im Jahre 1490 festgestellt[2]: „Wenn du auf der See die Öffnung einer Tuba in das Wasser steckst und hältst die Spitze an dein Ohr, so vernimmst du, ob Schiffe in weiter Ferne fahren."

Es sollte noch mehr als 300 Jahre dauern, bis geklärt wurde, wie schnell sich der Schall im Wasser fortpflanzt. Um zu prüfen, ob die aus der Dichte und Kompressibilität des Wassers theoretisch abgeleitete Schallgeschwindigkeit zutrifft, bestimmten 1826 der Schweizer Physiker Jean-Daniel Colladon und der Mathematiker Charles-François Sturm auf dem Genfer See die Schallgeschwindigkeit. Als Schallsender diente eine von einem Pfarrer ausgeliehene Kirchenglocke, die am Nordufer des Genfer Sees in 3 m Wassertiefe mit einem Hammer angeschlagen wurde. Gleichzeitig mit dem Hammerschlag gegen die Glocke wurde über Wasser mit Schwarzpulver ein Lichtblitz ausgelöst. Die in 14 km Entfernung am Südufer bei Thonon gemessene Zeitdifferenz zwischen dem Eintreffen von Licht- und Wasserschallsignal ergab in guter Übereinstimmung mit der Theorie die Schallgeschwindigkeit von rund 1435 m pro Sekunde. Der Schall ist also fast fünfmal schneller im Wasser als in der Luft.

Bei bekannter Geschwindigkeit des Schalls können durch Messung seiner Laufzeit Entfernungen berechnet werden. Allgemein bekannt ist, dass drei Sekunden zwischen Blitz und Donner einer Entfernung des Blitzeinschlags von einem Kilometer entspricht. Im Wasser legt der Schall in sieben Sekunden sogar zehn Kilometer zurück. Sieben Sekunden zwischen Schallauslösung an der Oberfläche bis zum Eintreffen des Echos vom Grund entspricht einer Wassertiefe von 5000 m.

Erste, allerdings ergebnislose Versuche, die Wassertiefe mit Hilfe reflektierter Schallwellen zu messen, unternahm der Mathematiker Charles Bonnycastle bereits 1838 im Auftrage der Admiralität an der Küste der USA[13, S. 39-41]. Auch Maury scheiterte Mitte des 19. Jahrhunderts mit einem ähnlichen Vorhaben.

Der norwegische Ingenieur Berggraf gab 1904 eine Methode an, die Meerestiefe durch die Zeit zu messen, die der Schall vom Schiff zum Meeresboden und zurück zum Schiff benötigt[36, S. 348]. Das vorgeschlagene Gerät umfasste einen Tonsender, einen Empfänger und einen Zeitmesser. Der Empfänger bestand aus einem Mikrofon mit einer Resonanzröhre[17]. Das von Berggraf vorgeschlagene Gerät wurde nie verwirklicht.

Dem Amerikaner Albert Franklin Eells wurde 1908 das Reichspatent 194381 „Verfahren und Vorrichtung zum Bestimmen von Meerestiefen, bei dem die Geschwindigkeit des Schalles im Wasser als Maß für die Tiefe benutzt wird" erteilt. Die Patentidee wurde mit Wirkung vom 19. März 1907 geschützt. Der Schall soll-

---

[17]Die Luftsäule in der Röhre schwingt in derselben Frequenz wie der Ton und verstärkt ihn dadurch.

te mit einer Unterwasserglocke erzeugt werden. Wie das Echo wahrgenommen und die Echozeit gemessen werden sollten, blieb in der Patentschrift weitgehend offen. Sowohl der Vorschlag von Berggraf als auch das Patent von Eells waren wegen der kurzen Echozeiten nicht für das Loten von Tiefen von weniger als 100 Meter gedacht.

Zunächst standen andere Anwendungen auf der Grundlage von Wasserschall im Vordergrund. Amerikanische Wissenschaftler und Ingenieure entwickelten in den ersten Jahren des 20. Jahrhunderts eine Navigationshilfe zur sicheren Ansteuerung von Feuerschiffen und Leuchttürmen bei Nebel, Regen oder Schneetreiben. Wegen der guten Leitfähigkeit des Wassers für Schall waren die Wasserschallsignale über weite Strecken viel besser vernehmbar, als es mit Luftschallsignalen möglich gewesen wäre. Als Schallgeber dienten Unterwasserglocken, deren Klöppel manuell, elektrisch oder mit Dampf betätigt wurden. Unterwassermikrofone in Wassertanks, die im Schiff steuer- und backbords angebracht waren, empfingen den Schall. Das Schiff war auf direktem Kurs auf die Schallquelle, wenn der Glockenschall über Backbord- und Steuerbordmikrofon gleichstark in den Telefonhörern auf der Brücke wahrgenommen wurde.

Die *Submarine Signal Company* in Boston produzierte ab 1905 derartige Systeme, die in Deutschland und weiteren europäischen Ländern auf der Grundlage eines Lizenzvertrages von der Bremer *Norddeutschen Maschinen- und Armaturenfabrik GmbH* und ab 1911 von ihrer Nachfolgerin, der *Atlas-Werke AG* auf Mietbasis vertrieben wurden. In den Folgejahren wurden viele Feuerschiffe mit Wasserschallsendern ausgerüstet und tausende Handelsschiffe besaßen entsprechende Empfangsanlagen.

Militärische Wasserschallanwendungen

Zwei wehrtechnische Erfindungen des 19. Jahrhunderts erweiterten die Kriegsführung im Medium Wasser und wurden zu Wendemarken für die Marinen: Der Torpedo und das Unterseeboot. Ihre Nutzung und ihre Abwehr erforderten die Beherrschung der Wasserschalltechnik. Sie fand bald das Interesse der Marinen.

Im Jahr 1905 begann der Bau des ersten U-Bootes für die Kaiserliche Marine. Für den Einsatz der U-Boote musste die Frage geklärt werden, wie die getauchten Boote miteinander und mit Überwasserschiffen kommunizieren können. Da Wasser wegen seiner elektrischen Leitfähigkeit praktisch undurchlässig für elektromagnetische Wellen ist, sind Funksignale für die Kommunikation ungeeignet. Für ein getauchtes U-Boot können nur mechanische, also akustische Wellen für diesen Zweck eingesetzt werden. Zur Klärung der physikalisch-technischen Fragen und mit dem Auftrag, entsprechende Apparaturen zu entwickeln, wandte sich die Marine an die Kieler Firma *Neufeld & Kuhnke.*

Im Jahre 1908 begannen Entwicklungen von Sendern für Unterwasserschall. Die Kaiserliche Marine führte gemeinsame Versuche mit Neufeld & Kuhnke aus Kiel und der Norddeutschen Maschinen- und Armaturenfabrik durch. Erste Erfolge, insbesondere durch die Arbeit des Kieler Physikers Heinrich Hecht führten 1911 zur Gründung der *Signal GmbH* als Tochter von Neufeld & Kuhnke.

Für die Kaiserliche Marine waren die Entwicklungen der maritimen Technik von größter Bedeutung. Bereits 1898 wurde in Torpedos die Kreiseltechnik eingesetzt, um ihren Geradeauslauf über eine längere Strecke zu erreichen. Hierfür war natürlich Hermann Anschütz-Kaempfe der Experte für die Torpedoinspektion in Kiel.

Die Entwicklung akustischer Verfahren sollte auch die Torpedotechnik voranbringen. Behm berichtet von einem Treffen im Kaiserlichen Yacht Club[66, S. 34f]:

> Bei einem Diner im Kaiserlichen Yacht Club in Kiel, nämlich, an dem auch seine Majestät Kaiser Wilhelm II. teilnahm, kam aus irgendeinem Grunde die Sprache auf den sogenannten Schnüffeltorpedo. Der Gedankengang zur Schaffung dieses Torpedos war folgender: Am Kopfe des Torpedos dachte man sich eine Einrichtung angebracht, die bewirken sollte, dass der Torpedo hinter dem angegriffenen Schiffe herlief, sich also selbsttätig nachlenkte. Im Verlaufe dieses Gesprächs stiftete Dr. Anschütz 50.000 Mark für die Entwicklung einer solchen Einrichtung. Und Krupp von Bohlen und Halbach, der ebenfalls in der Runde saß, forderte er auf, die gleiche Summe auszusetzen. Krupp zeigte zuerst wenig Neigung, konnte sich aber in der Gegenwart des Kaisers nicht zu einer Ablehnung entschließen und stif-

tete den gleichen Betrag.

Der so entstandene Fonds von 100.000 Mark kam für die Umsetzung der Idee des Schnüffeltorpedos zu früh, konnte jedoch für die Echolotentwicklung in Anspruch genommen werden. Aus der Idee des Schnüffeltorpedos entstand der im Zweiten Weltkrieg eingesetzte akustisch gesteuerte Eigenlenktorpedo.

Mit Kriegsbeginn 1914 wuchs die Bedeutung der Unterwasserschalltechnik[1]:

> Im Januar 1915 befahl [die (Verf.)] Admiralität, die Fragen der Schallwellen im Wasser, desgleichen die vorhandenen Mittel, diese aufzunehmen, zu prüfen und zu versuchen, ob die Methoden praktisch verbesserungsfähig seien.

Die Torpedoinspektion in Kiel verfügte über beträchtliche Ressourcen für Forschung und Entwicklung maritimer Wehrtechnik. Die aus dem Torpedodepot in Kiel-Friedrichsort entstandene „Torpedowerkstatt" war am Kriegsende ein Großbetrieb mit über 7000 Beschäftigten. Mehrere Versuchsschiffe bildeten einen Versuchsverband mit dem ehemaligen Sperrbrecher *Cordoba* als Flaggschiff.

Das in Erwartung eines baldigen Kriegsendes für die Mobilmachung reduzierte Personal wurde für die kriegswichtige Entwicklung der U.T.[18] wieder durch sogenannte wissenschaftliche Hilfsarbeiter aufgestockt. Es ent-

---

[18] Ein zu Geheimhaltungszwecken absichtlich eingeführtes nichtssagendes Kürzel z.B. für Unterwassertelegraphie, um den technischen Hintergrund zu verschleiern.

stand eine intensive Zusammenarbeit mit herausragenden Physikern[71, 267].

Im März 1915 wurde zum Beispiel Heinrich Barkhausen, Professor an der Technischen Hochschule Dresden, beurlaubt und als „wissenschaftlicher Hilfsarbeiter" in der Torpedoinspektion eingestellt. Zunächst arbeitete er auf dem Gebiet des Wasserschalls. Dann widmete er sich der Verstärkung elektrischer Signale mit den neu entwickelten Verstärkerröhren.

Der Nobelpreisträger für Physik des Jahres 1911, Wilhelm Wien, entwickelte und fertigte für die Torpedoinspektion Verstärkerröhren in seinem Institut der Universität Würzburg. In der Torpedoinspektion arbeitete auch der Physiker Johannes Stark (Nobelpreis 1919). Max Reich, ebenfalls Physiker, unternahm ab 1915 Torpedoversuche als wissenschaftlicher Leiter des Torpedoversuchskommandos.

Wasserschall wurde im Ersten Weltkrieg mit mäßigem Erfolg benutzt, um getauchte U-Boote zu entdecken. Freund und Feind setzten dazu Unterwassermikrofone, sogenannte Hydrofone ein. Das aktive Sonar wurde für die Suche nach U-Booten entwickelt. Echos eigens ausgesendeter Schallsignale zeigen ein Ziel an. Die dabei gewonenen Erkenntnisse beförderten nach Kriegsende auch die Entwicklung der Echolote.

Ende 1917 befürwortete der Oberbefehlshaber der Ostseestreitkräfte, Prinz Heinrich von Preußen, eine „besondere Behörde für das gesamte Signal-, Funkspruch- und Unterwasserschallsignalwesen"[19]. Ma-

---

[19]Schreiben vom 16. Dezember 1917 an das Reichsmarineamt (BArch RM

rine und Signal Gesellschaft, vertraglich miteinander verbunden, stellten ein Kieler Forschungs- und Entwicklungszentrum für die Anwendung des Wasserschalls dar, was nicht ausschloss, dass Ingenieurskapazität aus Bremen und Göttingen eingebunden war. Die Signal Gesellschaft fühlte sich gegen Kriegsende als Vertragspartner der Marine in dieser Gemeinschaft zunehmend benachteiligt[25].

Obwohl das Projekt Echolot nicht die wichtigste Wasserschallanwendung der Marine war, gab es eine Vielzahl thematischer Anknüpfungspunkte und persönlicher Kontakte für den Hydroakustiker Behm. Der Erfinder erfuhr Unterstützung und förderndes Interesse der Marine.

Die Entwicklung des Behmschen Echolots

Mit Wirkung vom 22.7.1913 wurde das Reichspatent DRP 282009 für die Idee einer *„Einrichtung zur Messung der Meerestiefen und Entfernungen und Richtungen von Schiffen oder Hindernissen mit Hilfe reflektierter Schallwellen"* erteilt. Behm wies in seinem Patentantrag, der wortgleich zu seinem in Österreich erfolglosen Patentantrag war[66, S. 33], auf Vorschläge anderer hin, die Zeit zwischen Abgabe eines akustischen Signals und dem Eintreffen des Echos, die sogenannte *Echozeit*, zur Messung der Meerestiefe zu nutzen. Das wäre bei geringen Wassertiefen wegen der Kürze der entsprechenden

---

3/5018).

Echozeit nicht möglich. Deswegen hielt Behm in seinem Patentantrag am Konzept der Schallstärkenmessung mit Hilfe seines Sonometers fest. Aus der Schwächung der Schallstärke sollte auf den zurückgelegten Schallweg und damit auf die Meerestiefe geschlossen werden.

Ob Behm damals das bereits 1907 erteilte Reichspatent 194381 *„Verfahren und Vorrichtungen zur Bestimmung von Meerestiefen, bei dem die Geschwindigkeit des Schalls im Wasser als Maß für die Tiefe benutzt wird"* des Amerikaners Albert Franklin Eells bekannt war, ist ungeklärt. Es schützte die wenig konkretisierte Idee, den Schall in einem vertikalen Rohr mit einer Glocke zu erzeugen und die Echozeit mit einem nicht näher beschriebenen Gerät anzuzeigen. Bei der später diskutierten Frage, wer nun Erfinder des Echolotes war, wurden unter anderem diese beiden Patente ins Feld geführt, die beide zunächst nicht zu einem brauchbaren Gerät geführt hatten. Bemerkenswert ist, dass Behm die *Qualität* des Echos, nämlich seine Stärke, während Eells seine *Laufzeit* zur Messung der Wassertiefe nutzen wollten. Beide Konzepte wurden zu Ausgangspunkten wichtiger Anwendungen.

Nun war zunächst nur Behms im September 1912 als Patentantrag formulierte Idee im Deutschen Reich patentiert. Der stolze Patentinhaber stand jedoch ganz am Anfang. Es war überhaupt nicht klar, wie aus dem reflektierten Schall die Entfernung der reflektierenden Fläche bestimmt werden soll. Für Behm begann in Kiel eine arbeitsintensive Schaffensperiode, in der auch Grundlagen der Schallausbreitung und -reflexion im Wasser erforscht werden mussten. Welche Hindernisse und Schwierigkeiten Behm noch bevorstanden und wieviel Zeit seine Entwicklungsarbeit erfordern würde, konnte er nicht ahnen.

Das sah nach Arbeit und nichts als Arbeit aus, aber Behm fand trotzdem erstaunlich viel Zeit für seine Passionen Angeln und Jagen. In den Jahren 1914 und 1915 verbrachte er jeweils rund 70 Angeltage, davon die meisten an Treene und Schwentine. Man könnte das als unsinnige Zeitverschwendung ansehen, aber die Zerstreuung durch Konzentration auf etwas Anderes kann Gedanken beflügeln. Offensichtlich profitierte Behms außergewöhnliche Kreativität von den vielen Stunden, die er beim Fischen und Jagen verbrachte, wie er es selbst beschreibt. Mit steigender Beanspruchung durch seine Entwicklungsarbeit, musste das Ausleben seiner Passionen allerdings zurückstehen.

Behm wusste, dass die Schallintensität mit dem Quadrat der Entfernung abnimmt. Somit wären ohnehin nur geringe Wassertiefen durch die Schallstärkenmessung zu bestimmen gewesen. Da der Erfinder in erster Linie an die Schiffssicherheit dachte, war ihm das Ausloten großer Tiefen weniger wichtig. Die ersten Versuche in geringer Wassertiefe knüpften, entsprechend seinem Patent, an die Erfolge an, die Schallintensitäten in der Luft mit Hilfe des Sonometers zu messen. Es wurde jedoch schnell deutlich, dass für entsprechende Versuche im Wasser ganz andere Bedingungen gelten. Die naheliegende Idee, Unterwasserschall mit dem Ton einer Stimmgabel zu erzeugen, erwies sich als ungeeignet. Überdies hätte es großer Schallintensitäten bedurft, die nur mit aufwändigen Apparaturen erzeugt werden konnten. Wasserschallsender, wie sie zum Beispiel die Signal

Gesellschaft für die Marine entwickelte, standen Behm nicht zur Verfügung. Außerdem muss der ausgesendete Ton enden, bevor sein Echo eintrifft, um beide unterscheiden zu können. Der Ton muss also im flachen Wasser einerseits sehr kurz sein, andererseits aber genügend viele Schwingungen enthalten, um als solcher wahrgenommen zu werden. Hier waren die Grenzen der Physik erreicht.

Neben diesen technischen Schwierigkeiten scheiterte die Lotung mit Hilfe der Echointensitätsmessung vor allem daran, dass die Echointensität nicht nur von Tonstärke und Wassertiefe, sondern auch von der Art des Gewässergrundes abhängt. Schlammiger Boden wirft Echos geringerer Schallstärke zurück als Fels. Bei unbekannter Beschaffenheit des Gewässergrundes kann daher die Wassertiefe nicht durch die Abnahme der Schallintensität gemessen werden[20].

Wohl oder übel musste Behm die in seiner Patentschrift angegebene Lotmethode aufgeben. Er entschloss sich, anstelle der Echointensität nun doch die Echozeit zur Tiefenmessung zu verwenden. Im seichten Wasser ist die Echozeit besonders kurz und entsprechend schwer zu messen. Anstelle eines anhaltenden Tons galt es jetzt, einen sehr kurzen Schallimpuls zu erzeugen, der auf jeden Fall deutlich vor dem Eintreffen seines Echos enden musste, um die Echozeit überhaupt bestimmen zu können. Was lag für den passionierten Jäger näher, als an den Knall eines Schusses zu denken? Als er jedoch ein altes Militärgewehr ins Wasser hielt und abfeuerte, platzte der Lauf. Das hätte sich der einstige Terzerol-

---

[20] Bei bekannter Wassertiefe kann das Echo wertvolle Informationen über den Gewässergrund liefern.

sprengmeister eigentlich denken können. Behm schnitt den Lauf kurz hinter dem Patronenlager ab und hatte so etwas wie eine Pistole, mit der er den Schuss im Wasser auslösen konnte. Das Seewasser ließ allerdings die „Kanone" schnell rosten. Immerhin gab es jetzt für die Versuche eine geeignete Schallquelle.

Nun musste „nur noch" die Echozeit gemessen werden. Um für die Schifffahrt stets die berühmte Handbreit Wasser unter dem Kiel zu behalten, ist das Loten bei geringer Wassertiefe von größter Bedeutung und gleichzeitig die Messung der entsprechend kurzen Echozeit eine besondere Herausforderung. Bei der hohen Schallgeschwindigkeit im Wasser von ungefähr 1500 Metern pro Sekunde ist die außerordentlich kurze Echozeit mit einer Genauigkeit von mindestens einer dreitausendstel Sekunde zu messen, will man die Wassertiefe auf einen viertel Meter genau bestimmen. Eine solche Stoppuhr gab es damals nicht. Die Gedanken des Erfinders kreisten wieder um sein erfolgreiches Sonometer, das nach seiner Patentidee für die Echolotung eingesetzt werden sollte. Allerdings sollte das Somometer nun nicht mehr die Stärke des Echos messen, sondern nur noch das Eintreffen des Primärschalls und seines Echos durch den Ausschlag des Sonometerfadens registrieren.

Die kleine Glaskugel am Ende des Sonometerfadens wirkt als Linse für die Projektion eines Lichtpunktes auf einem Schirm. Ersetzt man diesen durch fotografisches Papier und bewegt es mit konstanter Geschwindigkeit, werden die Ausschläge des Sonometerfadens als Wellenlinie abgebildet. Der Abstand zwischen den kräftigen Ausschlägen durch Primärschall und sein Echo misst die Echozeit und damit auch die Wassertiefe. Soweit die Idee. Bei der Umsetzung zeigte sich einmal wieder, dass der Teufel im Detail steckt. Viele Versuche und immer wieder neue Konstruktionen waren nötig, bis ein funktionierendes Gerät zur Aufzeichnung der Schallimpulse bereit stand. Das erste tischgroße Echolot konnte Echos registrieren und die Echozeit messen.

Auf Grund der Vereinbarung mit Hermann Anschütz-Kaempfe konnte Behm für seine Versuche und Entwicklungen die Laborräume der Firma Anschütz & Co. in Neumühlen-Dietrichsdorf nutzen. Aber Behm musste aufs Wasser – er brauchte ein schwimmendes Laboratorium. Er führte ab 1915 die ersten Versuche zur Messung der Echozeit an Bord von Schiffen durch. Als Versuchsschiffe dienten Fischdampfer und ein ehemaliges Kanonenboot namens „Otter". Kriegsbedingt war er dabei auf die Heikendorfer Bucht[21] der Kieler Innenförde beschränkt.

Die *Otter* war 1877 mit einer Wasserverdrängung von 164 t für die Kaiserliche Marine als Flusskanonenboot zur Bekämpfung chinesischer Piraten gebaut worden. Zum vorgesehenen Einsatz in China kam es nie. Sie diente bis 1907 in den flachen Küstengewässern der Nord- und Ostsee als kleines Versorgungschiff. Nach Außerdienststellung und Verwendung als Unterrichtshulk[22] und Kohlenprahm wurde sie 1914 von der Firma Anschütz & Co. für Kompassprüfungen erworben und Behm als Laborschiff zur Verügung gestellt. Das 30 m

---

[21] Gegenüber der Schleuse des Nord-Ostsee-Kanals am Ostufer der Kieler Förde gelegen.
[22] Eine Hulk ist ein Schiff, das keinen Antrieb (mehr) hat, z.B. ein Segelschiff, dessen Masten entfernt wurden.

Abbildung 5: Das ehemalige Flusskanonenboot *Otter*

lange und gut 6 m breite Schiff ohne Maschine und Ballast hatte nur noch einen Tiefgang von 80 cm und erwies sich als wenig seetüchtig.

Behm richtete die *Otter* für seine Versuche ein. In den Schiffsboden wurden zwei kreisrunde Löcher geschnitten, über die gut einen Meter hohe Schächte aufgenietet wurden, so dass in den Schächten Versuche, geschützt vor Wind und Wetter durchgeführt werden konnten.

Die Zustände an Bord waren alles andere als optimal und mussten nach und nach auf einen akzeptablen Stand gebracht werden. Da die *Otter* keinen eigenen Antrieb besaß, musste für jeden Ortswechsel Schlepperhilfe in Anspruch genommen werden. An Bord waren außer Behm, ein Techniker und der Koch namens Heinrich Boysen, der einige, allerdings geringe seemännische Kenntnisse besaß. Als ehemaliger Kneipenbesitzer verstand Boysen etwas vom Kochen und wusste auch trotz der kriegsbedingten Knappheit, die erforderlichen Zutaten zu beschaffen. Gegessen wurde, was die Förde hergab. Auch Krebse wurden nicht verschmäht. Weder das Angeln durch die Schächte, noch der Fischfang mit einem Netz hatten nennenswerten Erfolg. Immerhin kamen gelegentlich Fischer längsseits und boten Fische an. Reichlich Hering sammelte man nach einer Sprengung durch die Marine und aß sie tagelang[66, S. 62]. Auf Anregung des Kochs pachtete Behm eine Jagd bei Preetz, die der Crew manchen Braten und dem Chef auch Stunden der Entspannung bescherte. Man lebte und arbeitete an Bord und überstand einige missliche Situationen auf dem kleinen, nicht manövrierfähigen Schiff. Behm richtete sich an Bord eine Schlafgelegenheit ein, um sich nach langer Arbeit den nächtlichen Weg nach Hause zu ersparen.

Die in der Heikendorfer Bucht durchgeführten Lotversuche verliefen enttäuschend. Bei einer Wassertiefe von nur acht bis neun Metern war die Echozeit sehr kurz. Konnte der schlammige Grund überhaupt den Schall gut genug reflektieren? Jedenfalls konnten keine Echos registriert werden. Behm begann an der Durchführbarkeit seiner Pläne zu zweifeln.

Über die Ausbreitung des Schalls im Wasser war damals noch vieles ungeklärt. Man bezweifelte wegen der weitgehenden Inkompressibilität des Wassers (anders als der Luft) die Existenz von scharf abgegegrenzten Schallwellenfronten. Auch war unbekannt, ob Sand-

oder Schlickgrund den Schall hinreichend gut reflektiert. Nur wenn die Reflexion des Schalls durch die verschiedenen Meeresböden gut genug ist, um ein eindeutiges Echo ausreichender Stärke zu erhalten, kann die Wassertiefe durch Echolotung bestimmt werden.

Bevor Behm weitere praktische Versuche anstellte, musste er unbedingt mehr über den Schall im Wasser und seine Ausbreitung wissen. Er nahm sich vor, die Schallwellen im Wasser sichtbar zu machen, was bis dahin noch nie versucht worden war und nur im Laboratorium gelingen konnte. Er entwickelte mit erstaunlicher Kreativität und einfachsten Mitteln einen Versuch zur Klärung der Schallausbreitung und -reflexion im Wasser. Ihm gelang es, eine Schallwelle in einem mit Wasser gefüllten Aquarium von 27 × 25 × 12 cm – sogar ohne Fotoapparat – zu fotografieren, bevor die Wellenfront die Innenwände erreichte! Innerhalb einer fünfzehntausendstel Sekunde musste die Schallwelle im Aquarium erzeugt und ihr Bild aufgenommen werden. Das schaffte der geniale Experimentator ohne Strom aus der Steckdose und ohne Elektronik.

Der Schallimpuls wurde im Aquarium unter Wasser durch einen Funken ausgelöst. Eine zweiter Funke außerhalb des Aquariums diente als Blitzlicht für die Fotografie der Wellenfronten. Den Strom für die Funken lieferten zwei Leidener Flaschen, die vorher mit einer Influenzmaschine geladen worden waren. Diese Technik war Behm aus Hadersleben und Karlsruhe geläufig[16]. Aber wie sollte der Doppelschalter aussehen, der zwei Stromkreise im Abstand einer fünfzehntausendstel Sekunde schließt?

Auch hier griff der Experimentator auf eigene Erfahrungen zurück, nämlich sein Interesse für Handfeuerwaffen als passionierter Jäger und als Praktikant bei dem Büchsenmacher. Aus seinen Experimenten mit Dunker wusste Behm, dass Verbrennungsgase die Leitfähigkeit der Luft für elektrischen Strom erhöhen und somit die Funkenentladung auslösen können. Wenn es ihm nun gelänge, die Zeitverzögerung für den zweiten Funken genau zu steuern, wäre der geeignete Doppelschalter gefunden.

Behm sägte den Lauf einer kleinen Teschingpistole[23] ab, schnitt ein Gewinde in die Mündung des Laufs und verschloss sie mit einer Schraube. Die Knallquecksilberladung einer Flobert-Patrone[24], aus der die Kugel entfernt worden war, wurde gezündet. Da der Lauf vorn verschlossen war, traten die quecksilberhaltigen, elektrisch leitenden Verbrennungsgase durch seitlich am Lauf angebrachte Messingröhren verschiedener Länge aus und schlossen die Stromkreise für die Funkenstrecken. Die notwendige Zeitverzögerung des Belichtungsfunkens von einer fünfzehntausendstel Sekunde wurde dadurch erreicht, dass die entsprechenden Verbrennungsgase das längere Rohr passieren mussten. Auf einer fotografischen Platte an der Aquariumswand wurde das Bild aufgezeichnet, das deutlich abgegrenzte Wellenfronten zeigte.

---

[23] Eine kleine Pistole mit geringer Durchschlagskraft.
[24] Kleine Patrone mit Knallquecksilber als Zünd- und Treibladung.

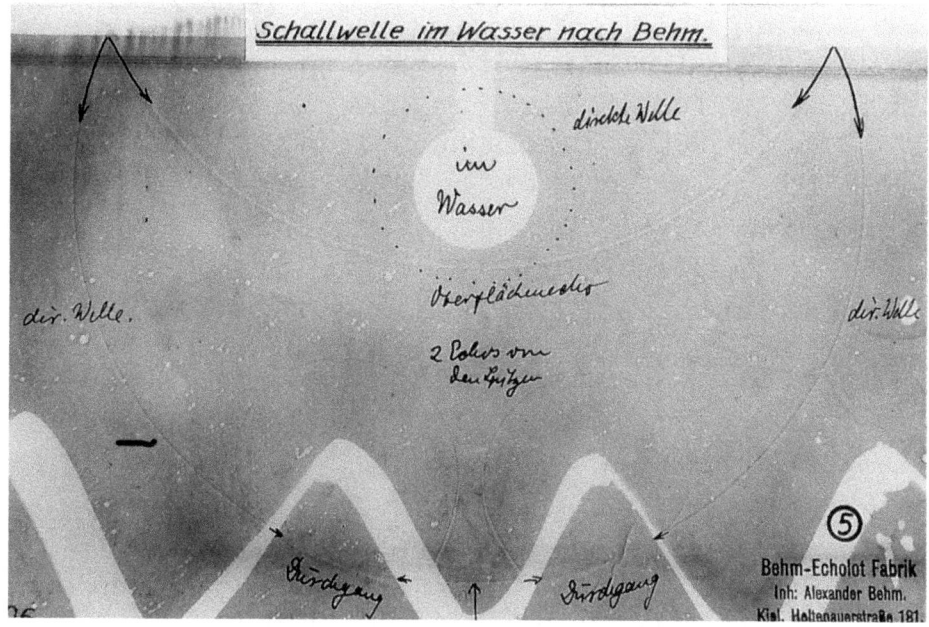

Abbildung 6: Schallwellenaufnahme mit unebenem Grund

Die Schallwelle wurde im Zentrum der weißen Scheibe durch den Knallfunken erzeugt. Die Front der direkten Welle wird an der Wasseroberfläche total reflektiert. Auf dem Boden des Aquariums liegt gewelltes Zinkblech, das von der Schallwelle durchdrungen wird. Um die oberen Spitzen des Zinkblechs in der Bildmitte erkennt man die Echoschallfronten.

Genaue Beschreibungen des Versuchsaufbaues und -ablaufs finden sich bei Behm[9, S. 3-5] und Schulz[51, S. 257-260]. Die Abbildung 7 illustriert den Versuchsaufbau. Zwei Leidener Flaschen (Kondensatoren) (3,4), die mit Influenzmaschinen (1,2) aufgeladen wurden, dienten als Stromquellen. Die präparierte „Pistole" (5) mit den seitlich angebrachten, verschieden langen Röhren (7,8) war der Doppelschalter für den Knallfunken im Aquarium (9) und den Beleuchtungsfunken im Blendrohr (13). Das Bild der Schallfronten wurde mit einer Fotoplatte (10) aufgezeichnet.

Das zeichnete den herausragenden Erfinder Alexander Behm aus: Als er nicht mehr weiterwusste, betrieb er Grundlagenforschung. Aufnahmen dieser Art gab es für Wasserschall noch nicht. Mit Recht war Behm auf diese Ersttat und die sensationellen Fotos wie in Abbildung 6 besonders stolz.

Nun konnte Behm die Eigenarten des Wasserschalls, insbesondere das Reflexionsvermögen verschiedener Stoffe im Labor prüfen und fotografisch dokumentieren. Glas und Luft reflektieren Wasserschall gut, Hartgummi kaum. Behm war jetzt sicher, dass die Qualität des Unterwasserschalls für die Wahrnehmung des Echos vom Grund ausreicht.

Die Schallwellenfotografie im Labor fand noch eine weitere Anwendung, nämlich die Bestimmung der Schallgeschwindigkeit in anderen Flüssigkeiten bei verschiedenen Druck- und Temperaturverhältnissen[51, S. 260f.]. Dazu wurde in einem Gefäß mit bekannter und in einem weiteren mit unbekannter Schallgeschwindigkeit gleichzeitig ein Schallfunken ausgelöst und beide Wel-

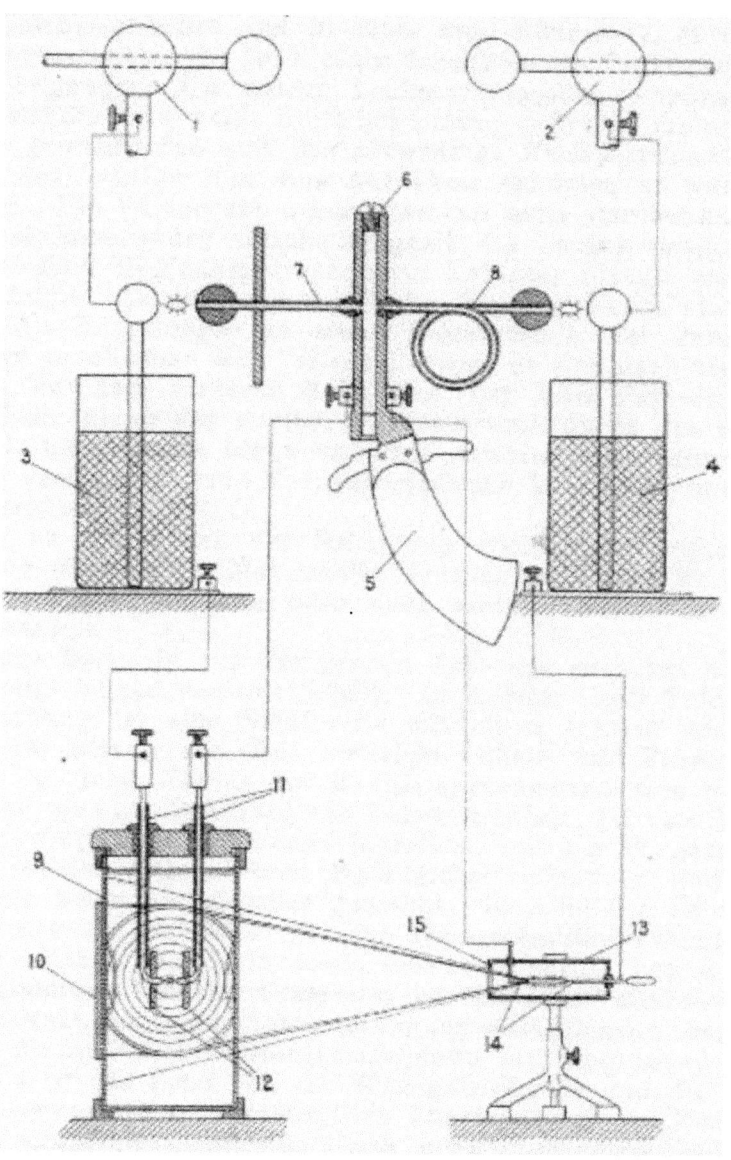

Abbildung 7: Versuchsaufbau für die Schallwellenfotografie

lenfronten mit demselben Beleuchtungsfunken fotografiert. Die Radien der Verdichtungswellen verhalten sich zueinander wie die entsprechenden Schallgeschwindigkeiten. Daher kann aus der bekannten Schallgeschwindigkeit als Uhr die unbekannte Schallgeschwindigkeit errechnet werden. Diese Versuche waren ein wichtiger Beitrag zur Erforschung der Schallwellen in Flüssigkeiten. Die Schallgeschwindigkeit variiert zum Beispiel in Wasserschichten unterschiedlichen Salzgehalts.

Viele weitere Überlegungen und Versuche waren erforderlich, um unter Wasser einen sehr kurzen, für die jeweilige Wassertiefe hinreichend starken Schallimpuls zu erzeugen. Nur so war ein gut empfangbares Echo zu erreichen, denn Verstärker für die elektrische Signale des Empfängermikrofons waren noch nicht verfügbar. In seinem ersten Patentantrag für das Echolot hatte Behm als Schallgeber eine Unterwassersirene, eine Glocke oder eine Sprengkapsel vorgesehen. Zusätzlich kam noch ein Schlag auf den Schiffsboden in Frage. Als Schallgeber verwendete Behm nach vielen Versuchen schließlich eine elektrisch gezündete Sprengkapsel mit hoher Verbrennungsgeschwindigkeit, die ein kräftiges, scharf abgegrenztes Schallsignal lieferte. Für geringere Tiefen bewährte sich ein Schlagsender, bei dem ein Fallgewicht auf eine Metallplatte aufschlug.

Eine Schwierigkeit bestand darin, dass nicht nur das Schallecho vom Meeresgrund das Aufnahmemikrofon erreichte, sondern noch vor ihm der Schall, der sich sowohl durch das Eisen des Schiffskörpers als auch durch das Wasser um den Schiffskörper herum fortpflanzte. Der zuerst eintreffende Schall erregte das Empfängermikrofon

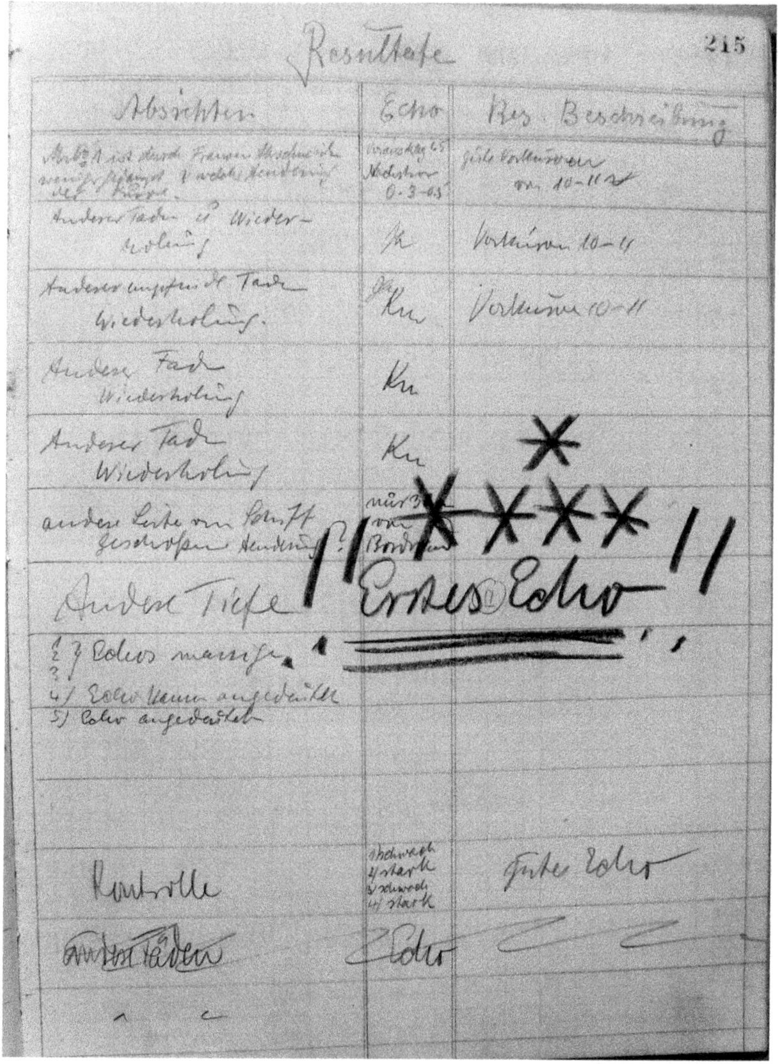

Abbildung 8: Erste Lotung, vermerkt im Schiffstagebuch

so stark, dass es den Echoschall danach nicht mehr registrieren konnte. Die ersten Echolotungen auf der *Otter* misslangen. Nach vielen Versuchen und Rückschlägen gelang am 10. November 1915 endlich eine Lotung. Da das Laborschiff ohne Antrieb war, wurde der Schlepper bestellt, um in verschiedenen Wassertiefen zu loten und tatsächlich zeigte das Echolot die aus der Seekarte bekannten Tiefen richtig an. Damit war bewiesen, dass die Echolotung auf diesem Wege möglich war. Dieser Durchbruch wurde kräftig gefeiert. Am nächsten Morgen kam der Rückschlag: Alle weiteren Lotungen schlugen fehl[66, S. 51].

Behm hatte inzwischen so viel Erfahrung gesammelt, dass er Anfang 1916 einen Patentantrag[25] einreichen konnte, in dem Aufbau und Funktion seines Apparates beschrieben wurden.

Wie der Abbildung 9 zu entnehmen ist, erregt der ankommende Echoschall das Mikrofon c, dessen Widerstand ansteigt. Der Strom durch den Elektromagneten d nimmt ab und die Zinke der Stimmgabel e erhält einen mechanischen Impuls, der den Sonometerfaden mit der Glaskugel h in Schwingungen versetzt. Die Schwingungen der zweiten Stimmgabel messen die Zeit zwischen Eintreffen des Abgangsschalls und seines Echos. Durch den Einsatz eines Sonometers als Schallempfänger und eines weiteren als Uhr gelang dem Erfinder die Messung der Echozeit.

---

[25]Das Patent *Anordnung zur Bestimmung von Meerestiefen und sonstigen Entfernungen unter Wasser* wurde als DRP 310690 am 26.9.1921 mit Wirkung ab dem 7.1.1916 ausgegeben.

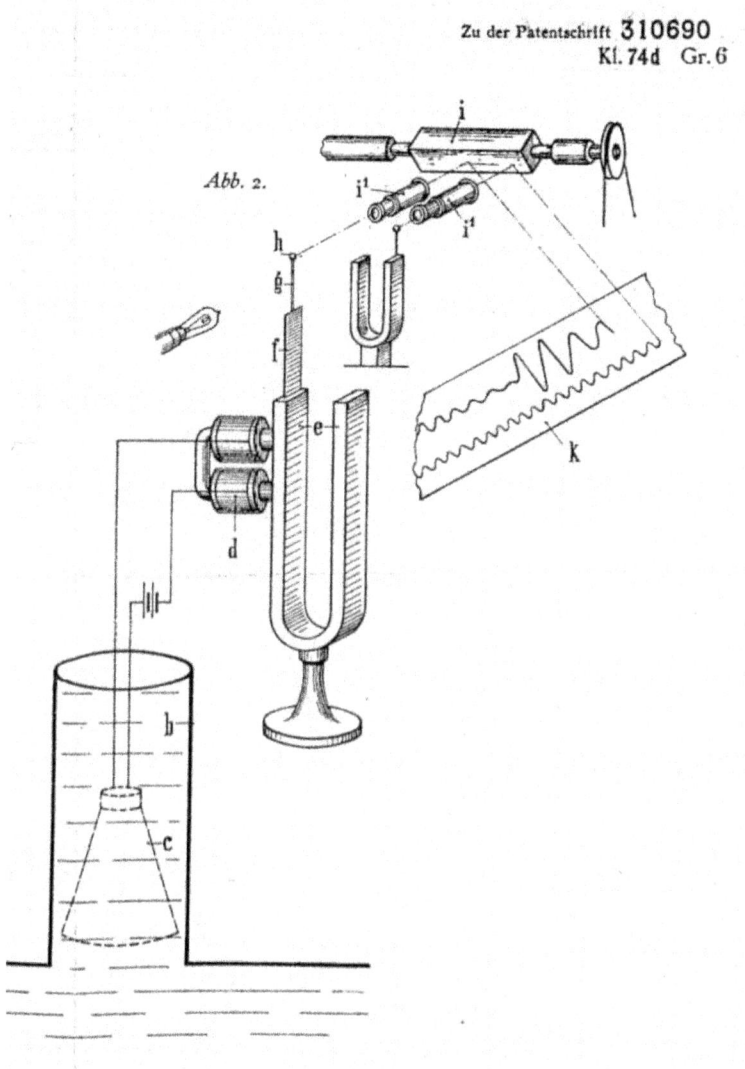

Abbildung 9: Prinzip des fotografisch registrierenden Echolots

Die ersten Fotogramme als Beweis der erfolgreichen Lotung hatten Anschütz bewogen, sein finanzielles Engagement zu verdoppeln. Behm erhielt nun ein jährliches Fixum von 20.000 Goldmark. Der andauernde Misserfolg war Behm nicht nur deswegen, sondern auch aus einem anderem Grund besonders peinlich. Er war zu Beginn des Krieges zur Durchführung seiner Versuche befristet unabkömmlich gestellt worden, so dass er nicht zum Militärdienst eingezogen wurde. Kurz vor Ablauf der Frist waren die ersten Lotungen gelungen, aber da er sie nicht wiederholen konnte, musste Behm sogar befürchten, als Schwindler verdächtigt zu werden. Die Marine ließ sich jedoch durch die vorgelegten Dokumente überzeugen und verlängerte die Freistellung.

Die Analyse des verwirrenden Sachverhalts, nämlich der einmalige Erfolg und danach andauernde Misserfolge zog sich durch immer neue Versuche in die Länge. Es stellte sich heraus, dass ein vorübergehend defektes Empfängermikrofon zur erfolgreichen Lotung geführt hatte. Der Defekt ließ sich jedoch auf keine Weise reproduzieren. In den damals verwendeten Mikrofonen wurde der Strom durch Kohlekörnchen geleitet, die von auftreffenden Schallwellen geschüttelt werden und in Bewegung den Strom schlechter leiten. Werden sie sehr stark bewegt, wird der Strom unterbrochen. Das geschieht, wenn der Schall der Sprengpatrone auf dem Weg um den Schiffsrumpf das Empfängermikrofon zu stark erregt und das Sonometer stromlos macht. Es kann dann den kurz darauf eintreffenden Echoschall nicht registrieren.

Behm musste es erreichen, den Schall der Sprengkapsel auf dem direkten Weg zum Empfangsmikrofon so zu schwächen, dass es anschließend auch den Echoschall noch registrieren konnte. Der Erfinder löste dieses Problem, indem er den Schiffsrumpf zur Abschirmung des Primärschalls nutzte. Dazu wurde Schallgeber und Abgangsmikrofon auf der einen, das Empfängermikrofon auf der anderen Schiffsseite positioniert. Dieses Prinzip bezeichnete Behm als Abschirmung und reichte 1916 ein entsprechendes Patent ein. Die *Otter* mit ihrem Tiefgang von nur 80 cm war für die Abschirmung allerdings wenig geeignet.

Die lange Durststrecke vergeblicher Bemühungen stand Behm durch, weil er wusste, dass die Echolotung möglich ist. Es sollte noch Monate dauern, bis wieder Lotungen zuverlässig gelangen. Der kenntnisreiche Marinebeamte Maurer fand an Bord der *Otter* die registrierten Echos „erstaunlich" und nahm die besten Streifen mit. Vier Tage darauf, am 21. August 1916, bekam das kleine Laborschiff hohen Besuch: Der Oberbefehlshaber der Ostseestreitkräfte und stets an technischen Neuerungen interessierte Prinz Heinrich wollte den neuen Apparat und seinen Erfinder in Augenschein nehmen. Das war für Behm eine besondere Ehre und Ermutigung in einer kritischen Phase. Trotz einer technischen Panne, die Behm schnell behob, konnte der Prinz das Fotogramm einer gerade gelungenen Lotung in Augenschein nehmen. Im Anschluss an diesen Besuch wurde Behm zu einem Gegenbesuch auf das Gut Hemmelmark bei Eckernförde eingeladen.

Das erste Echolot

Die trotz der widrigen Umstände erfolgreichen Versuche stärkten das Selbstbewusstsein des Erfinders und sein Vertrauen in das Gelingen der Echolotungen. Jetzt galt es, die Ideen in bordtaugliche Verfahren und Geräte umzusetzen.

Das erste Behmlot (Abbildung 13) registrierte die Schallimpulse fotografisch auf lichtempfindlichem Papier. Die schematische Darstellung[65, S. 255f.] in Abbildung 10 verdeutlicht die Funktionsweise des weiter ausgereiften fotografisch registrierenden Echolots. Die Stimmgabel St mit einer Frequenz von 1500 Schwingungen pro Sekunde dient als Uhr zur Messung der Echozeit. Auf der einen Zinke ist der Sockel A und der Glasfaden G_1 mit entsprechend abgestimmter Eigenfrequenz aufgebracht. Die Glaskugel K_1 mit einem Durchmesser von 0,2 mm schwingt in Folge der Resonanz mit deutlichen Ausschlägen, wenn die Stimmgabel angeschlagen wird. Die winzige Kugel K_1 wirkt als Linse zur Projektion eines Lichtpunkts auf Fotopapier. Gleichzeitig mit der elektrischen Zündung der Sprengkapsel wird diese Stimmgabel angeschlagen und schwingt während des Lotvorgangs nahezu ungedämpft weiter. Auf dem bewegten Fotopapier entsteht eine sinusähnliche Wellenlinie wie auf Abbildung 11 (unten) zu sehen ist.

Auf die Stimmgabel für den Echoempfang kann deshalb verzichtet werden, weil der mechanische Impuls der Elektromagneten direkt auf den fest eingespannten Sonometerfaden einwirkt (Abbildung 10). Zu Beginn der Lotung werden die beiden Elektromagneten E_1 und E_2 sowohl durch die Batterien B_1 und B_1 als auch durch

Batterien in den Mikrofonkreisläufen über Transformatoren mit Strom versorgt. Die Sonometerfeder S mit der Glasfeder G_2 und dem Kügelchen K_2 wird angezogen und gespannt. Wenn das Mikrofon M_1 des Abgangsempfängers durch den Schallimpuls erregt wird, wird der Strom durch E_1 kurzzeitig vermindert. Die Sonometerfeder wird freigegeben, der Sonometerfaden mit der Glaskugel schlägt aus und führt gedämpfte Schwingungen aus. Es entsteht ein Fotogramm wie in Abbildung 11 (oben) ersichtlich. Wenn der Echoschall das Empfängermikrofon M_2 erregt, wiederholt sich dieser Vorgang noch einmal. Es entsteht ein zweiter Ausschlag. Die Echozeit wird durch die Zahl der Schwingungen der Stimmgabel St zwischen den beiden Ausschlägen gemessen. Da der Schall im Wasser pro Sekunde etwa 1500 Meter zurücklegt, entspricht eine Schwingung einem Schallweg von einem Meter und damit einer Wassertiefe von einem halben Meter.

Jetzt war die Zeit gekommen, für die Lotungen von einem Schiff aus einen geeigneten Apparat zu entwickeln, dem der Erfinder die Namen „Echolot", „Behmlot" oder auch „Behm-Echolot" gab. Das erste Echolot (Abbildung 13) stellte noch eine experimentelle Version dar, mit der schon erfolgreich gelotet werden konnte. Die Nachfolgemodelle für den Bordbetrieb sahen anders aus und waren vor allem kleiner. Mechanik, Elektrotechnik, Akustik, Optik, Filmbelichtung und -entwicklung waren einschließlich einer Vorratsrolle mit bis zu 100 m Film für den Gebrauch an Bord in einem kompakten Gehäuse untergebracht. Das fotografisch registrierende

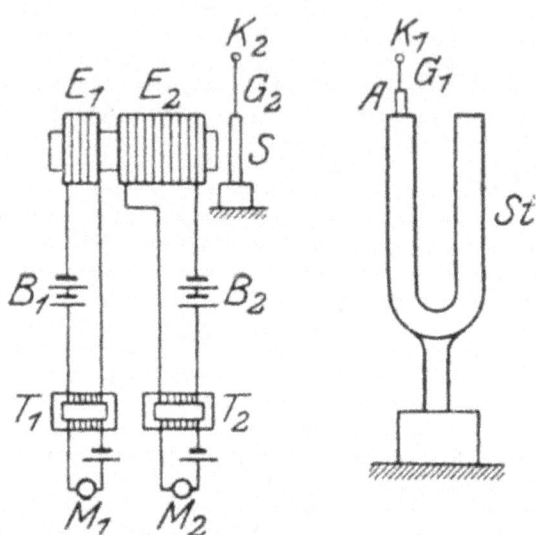

Abbildung 10: Funktionsprinzip des ersten Echolots

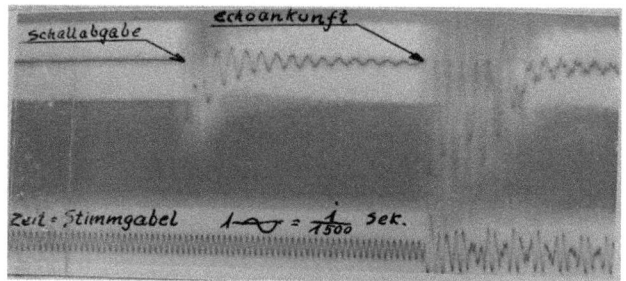

Abbildung 11: Von Behm kommentiertes Echogramm

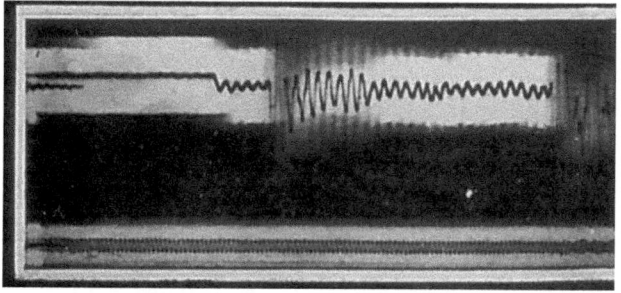

Abbildung 12: Echogramm bei ca. 6 m Tiefe

Echolot war ein Meisterstück des Apparatebaus[26]. Ganz nebenbei hat Behm wahrscheinlich die erste Sofortbildkamera konstruiert. Eine Lotung dauerte einschließlich der Entwicklung und Fixierung des Fotogramms im Apparat etwa 15 Sekunden. Die Abbildungen 11 und 12 zeigen erste erfolgreiche Echolotungen.

Die Marine war an der Echolotung nicht nur zur Feststellung der Wassertiefe, sondern auch zur Ortung von U-Booten interessiert und unterstützte die Echolotversuche. Behm erprobte ab 1916 sein Echolot auch an Bord des Versuchsschiffs *Cordoba* der Marineinspektion Torpedowesen in Kiel.

Die *Cordoba* war bis Anfang Mai 1915 ein Sperrbrecher der Kaiserlichen Marine gewesen. Ihre Aufgabe war das Durchbrechen von Minensperren. Sie war deshalb mit Baumstämmen beladen, um auch nach einem Minentreffer schwimmfähig zu bleiben. Für den Einbau der Mikrofone mussten Schächte in die Holzladung gesägt werden. Die Lotungen wurden wegen der größeren Wassertiefe in der Nähe der damals deutschen, heute dänischen Ostseeinsel Alsen und bei Fehmarn vorgenommen. Auch wurde untersucht, ob das Echolot Seeminen orten könne. Das Reichsmarineamt bestätigte[27], dass die Lotungen auf der *Cordoba* bis zu einer Schiffsgeschwindigkeit von 10 Knoten erfolgreich waren. Für den Einbau in Schiffen und U-Booten forderte es einen handlichen, bordtauglichen Apparat, der vom Schiffspersonal bedient werden könnte.

---

[26]Technische Zeichnungen und eine von Behm verfasste Beschreibung der einzelnen Komponenten findet sich in [51, S. 262ff].
[27]Schreiben vom 22.5.1917 StaK, Nachlass Behm D72.

Abbildung 13: Erstes fotografisch registrierendes Echolot

Tischgerät mit Bogenlampe, Stimmgabel und Uhrwerk für den Transport des Fotopapiers sowie mit Telefon und Mikrofon für die Verbindung zur Bedienung des Schießapparates.

Abbildung 14: Weiter entwickeltes fotografisch registrierendes Echolot

Echolot für wissenschaftliche Zwecke. Fotopapier wurde nicht bewegt, sondern mit drehbarem Spiegel belichtet. Uhrzeit und Datum wurden Teil des Echogramms.

Für den praktischen Einsatz des Echolotes auf Schiffen war es kein gutes Konzept, Schallgeber und Empfangsmikrofon einfach frei über Bord zu hängen. Während der Fahrt störten die Geräusche des vorbeiströmenden Wassers den Echoempfang. Beim Anlegen waren überdies die Anlagen außenbords gefährdet. Behm ließ deswegen zwei Seeventile in der Bordwand des Versuchsschiffs anbringen durch die Schallgeber und Empfangsmikrofon geschoben werden konnten. Das änderte allerdings nichts an unerwünschten Geräuschen in Fahrt.

Das weiter entwickelte fotografisch registrierende Echolot war die erste einsetzbare Echolotanlage. Die Kaiserliche Marine bestellte drei dieser Geräte zum Stückpreis von 45.000 Mark. Wegen des Kriegsendes kam es jedoch nicht mehr zur Auslieferung[66, S. 55].

Kriegsende und Nachkriegszeit

Anfang November 1918 begann der Kieler Matrosenaufstand. Die Besatzungen mehrerer Kriegsschiffe weigerten sich, zu einer Entscheidungsschlacht gegen die britische Flotte auszulaufen. Am 5. November war Kiel in der Hand der Aufständischen. Der Waffenstillstand von Compiègne am 11. November 1918 beendete die Kampfhandlungen. Es war Behms 38. Geburtstag.

Während des Krieges stand die Forschungs- und Entwicklungsarbeit auf dem Gebiet der Wasserschallanwendungen in enger Verbindung mit der Marine unter Geheimhaltung mit entsprechenden Einschränkungen für Produktion und Absatz im zivilen Bereich. Das Kriegsende war für die gesamte maritime Wirtschaft, insbesondere für die auf dem Gebiet des Wasserschall tätige deutsche Firma Signal Gesellschaft ein existenzgefährdendes Ereignis. Verträge mit der Marine verboten der Gesellschaft jede Lieferung ins Ausland. Noch vor Kriegsende, im März 1918, schilderte der Geschäftsführer Hahnemann dem Admiralstab in einer Denkschrift[28] die bedrohliche Situation für das Unternehmen mit der Kaiserlichen Marine als einzigem Kunden. Die seit 1909 bestehende, anfänglich gute Zusammenarbeit der Firmen Neufeld & Kuhnke, später der Tochterfirma Signal Gesellschaft, sowie der Norddeutschen Maschinen- und Armaturenfabrik, später Atlas-Werke AG, wurde zumindest aus Sicht der Signal Gesellschaft im Verlaufe des Krieges immer unerfreulicher. Die Geheimhaltung schränkte die Zusammenarbeit und die Patentanmeldung ein. Die Torpedoinspektion

---

[28] BArch RM 5/3517

schuf eigene Entwicklungs- und Fertigungskapazitäten. Das Kriegsende bedeutete nicht nur das Ende der vielleicht nicht immer gedeihlichen, aber auskömmlichen Geschäftsbeziehung mit der Marine, sondern eine Katastrophe. Aufträge der Marine blieben aus. Die Signal Gesellschaft hatte während des Krieges keine Auslandskontakte aufbauen können. Für einen schnellen Umstieg auf zivile Produktion fehlten nicht nur die erforderlichen Geschäftsbeziehungen, sondern auch die Kunden. Die Unterwasser-Telegrafie verlor an Bedeutung. Die Ablieferung des größten Teils der Handels- und Kriegsflotte nach dem Friedensvertrag von Versailles ließ die innerdeutsche Nachfrage nach Wasserschallapparaten einbrechen. Die Inflation beschleunigte sich und bot für den Umstieg von militärischer zu ziviler Produktion denkbar schlechte Voraussetzungen. Dazu kamen Patentstreitigkeiten aus der Kriegszeit mit den Atlas-Werken, die in enger Beziehung zur Submarine Signal Company standen. Sie wurden nach dem Krieg einschließlich der entsprechenden Schadensersatzklagen zu Gunsten der Amerikaner entschieden. Im Jahre 1923 musste die Firma Neufeld & Kuhnke Anteile der Signal GmbH an die Submarine Signal Company verkaufen, die vor allem an den Patentrechten interessiert war. Entwicklung und Fabrikation wurden nach und nach von den Atlas-Werken übernommen. Das Ende der Signal Gesellschaft kam mit Ablauf des Jahres 1926. Es gab jedoch eine Fortsetzung ihrer Arbeit auf dem Gebiet der Wasserschall-Anwendungen. Die leitenden Mitarbeiter der Signalgesellschaft, der Kaufmann Gerhard Schmidt und der Physiker Heinrich Hecht gründeten nämlich am 1.9.1926 die

*Electroacustic GmbH*²⁹ Die neu gegründete Firma geriet in der Folge von Patentstreitigkeiten bald in Konflikt mit den Atlas-Werken in Bremen, die mit der Submarine Signal Company immer noch vertraglich verbunden waren.

Die Torpedowerkstatt in Friedrichsort hatte am Kriegsende über 7000 Beschäftigte. Sie wurde zusammen mit der Kaiserlichen Werft und 15 weiteren Staatsbetrieben am 1.6.1919 zu dem Konzern *Deutsche Werke AG, Berlin W.* unter Verwaltung des Reichsschatzministeriums vereinigt. Jedes Werk ergänzte den Firmennamen „Deutsche Werke" durch die Standortbezeichnung. „Deutsche Werke Kiel AG" mit der Tochter „Deutsche Werke Kiel AG, Werk Friedrichsort". Auch im öffentlichen Bereich gab es einschneidende Veränderungen. Die Deutsche Seewarte, nachgeordnete Behörde der Kaiserlichen Marine, wurde dem Reichsverkehrsministerium unterstellt.

Das Behmlot wird alltagstauglich

Behms Entwicklungsarbeit war durch das Kriegsende weniger betroffen. Er verfügte über ein funktionsfähiges Echolot. Allerdings war die Funktionsweise seines fotografisch aufzeichnenden Echolots nur für den Bordbetrieb eines Versuchs- oder Kriegsschiffes mit geschultem Personal geeignet. Für den alltäglichen Gebrauch auf einem Handelsschiff war die Bestimmung der Wassertiefe

---

²⁹Anfang 1927 wurde auch der Physiker Wilhelm Rudolph Gesellschafter. Bernhard Settegast erhielt Prokura. Das Unternehmen wurde später unter dem Kürzel ELAC bekannt, das hier auch verwendet werden soll.

ohne fotografische Aufzeichnung, ohne Entwickeln und Fixieren von Papierstreifen und Auswertung von Fotogrammen geboten. Ein bordtaugliches Echolot, das nach kurzer Einarbeitung vom Schiffspersonal bedient werden kann, muss die Wassertiefe direkt anzeigen. Jetzt hieß es Abschied nehmen von Sonometern und Stimmgabeln. Für die Messung der Echozeit war eine Art Stoppuhr zur genauen Messung sehr kurzer Zeiten zu entwickeln, weil es so etwas nicht gab. Sie musste, vom Schallimpuls gestartet und vom Echo gestoppt werden. Echozeiten von einer hundertstel Sekunde musste sie mit einer Genauigkeit von einer zehntausendstel Sekunde messen können.

Diese Anforderungen an die Echozeitmessung vor allem in geringen Wassertiefen waren beträchtlich. Behm musste sie mit einem elektromechanischen Verfahren erfüllen. Er erkannte schnell die entscheidenden Probleme[66, S. 56]:

> Daß Uhrwerke von vornherein ausscheiden mußten, war klar, denn sie alle besitzen ein viel zu langes Anlaufen, als daß sie zur Lösung dieses Problems Verwendung finden konnten. Es war ein langer Weg, der auch hier zurückgelegt werden mußte, und der ein Weg vom Komplizierten zum Einfachen war.

Die Lösung brachte der 1919 von Behm konstruierte Kurzzeitmesser. Seine Wirkungsweise ist im Grundsatz sehr einfach: Ein Elektromagnet spannt eine Feder. Wird dieser zu Beginn der Messung stromlos gemacht, entspannt sich die Feder und setzt ein Schwungrad in Drehung. Trifft das Echo ein, wird der zweite Magnet stromlos, der die Bremse des Schwungrades gelöst hatte. Das Schwungrad wird abgebremst. Der entstandene Drehwinkel des Schwungrades misst die Echozeit. Die Anzeige erfolgt durch einen Zeiger oder durch Lichtpunkte auf einer Skala, auf der die Wassertiefe direkt am Gerät abgelesen werden kann. Das erste direkt anzeigende Behmlot mit Kurzzeitmesser war bis 55 m Wassertiefe einsetzbar. Drei weitere Echolote nach diesem Prinzip, nämlich die Behmlote der Typen 1 bis 3 folgten, die Tiefen bis 200, 750 und schließlich alle Tiefen anzeigen konnten. Der Kurzzeitmesser wurde zum Ausgangspunkt bordtauglicher Echolote und markierte den Durchbruch zum Erfolg der Behmlote[30].

Die Abbildung 15 zur Patentschrift verdeutlicht das Prinzip der Behmschen Erfindung, die natürlich technisch weiterentwickelt wurde, wie z.B in Abbildung 16 dargestellt.

In dieser entscheidenden Phase intensiver Entwicklungsarbeit bedrohte ein Missgeschick auf der Jagd nicht nur den Projektfortgang, sondern auch die Gesundheit des Erfinders. In seinem Jagdrevier in Lockstedt Lager[31] verletzte sich Behm beim Abfangen eines angeschossenen Rehs mit dem Waidmesser am rechten Knie. Der kleinen Wunde maß Behm keine Bedeutung zu, aber sie infizierte sich. Am nächsten Morgen war das Bein dick angeschwollen – eine Blutvergiftung! Der Heilungsprozess kam nicht voran. Über ein halbes Jahr lag Behm in seiner Jagdunterkunft, einer von einem Bauer angemieteten Altenteilerwohnung, bis der Autotransport nach Kiel stattfinden konnte. Dort bestätigte sich der Ver-

---

[30] Das entsprechende Patent galt ab dem 1.6.1920.
[31] Heute Hohenlockstedt in Schleswig-Holstein.

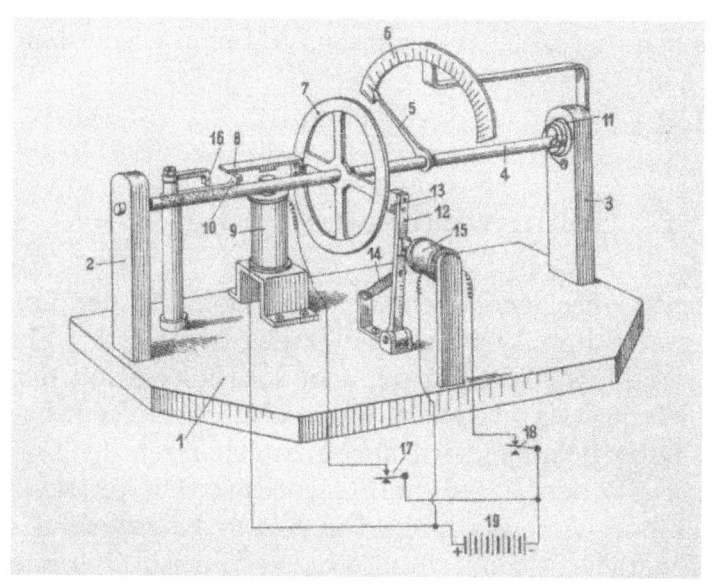

Abbildung 15: Kurzzeitmesser nach Patentschrift 367202

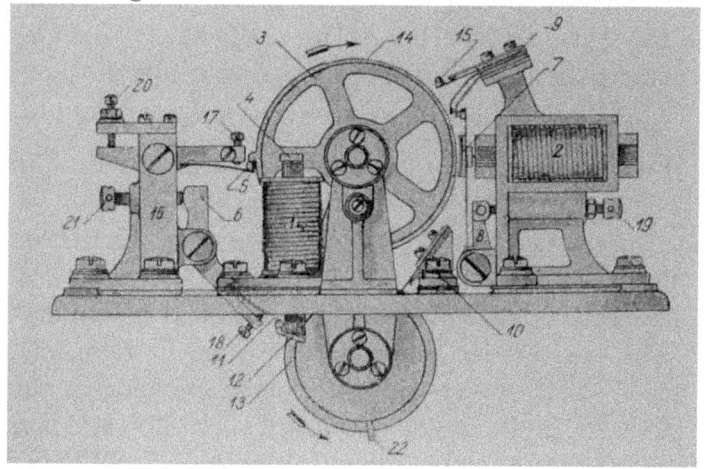

Abbildung 16: Kurzzeitmesser als Gerät

dacht, dass Behm schwer zuckerkrank war. Das Knie blieb auf Dauer steif. Mühsam musste Behm wieder laufen lernen.

Behm wird selbständig

Das direkt anzeigende Echolot revolutionierte das Loten. Anfang Juni 1920 fand unter der Leitung des Erfinders eine erste Vorführung seines Echolotes auf der Kieler Förde statt. An Bord des geschleppten Versuchsschiffs *Otter* befanden sich neben Angehörigen der Firma Anschütz der Vizeadmiral Gaedecke sowie Vertreter der Hamburg-Amerika-Linie. Die *Kieler Neueste Nachrichten* berichtete am 6. Juni sehr ausführlich über das Ereignis und das sensationelle Behmsche Echolot. Die technische Beschreibung seines Echolotes hatte Behm für den Bericht offensichtlich selbst verfasst. Dieses Datum markiert die Geburtsstunde des direkt anzeigenden Echolots für den normalen Bordbetrieb auf einem Schiff.

Die Firma Anschütz demonstrierte am 14. Juni in einer zweiten Präsentation ein als *Anschütz-Echolot* bezeichnetes modifiziertes Echolot[32]. Insgesamt 15 Herren der Handelsmarine waren an Bord der *Otter*, die von einem Hafendampfer über die Kieler Förde geschleppt wurde. Mitarbeiter der Firma führten das Echolot vor. Die Firma Anschütz stellte für Inlandsreedereien die Möglichkeit in Aussicht, das Anschütz-Echolot auch zu mieten. In dem entsprechenden Bericht[64, S. 577] des Kapitäns M. von Freeden wird der Name Behm an kei-

---

[32] Die Art der Modifikationen ist nicht bekannt[52, S. 96].

ner Stelle erwähnt, sondern es wird nur die „Erfinder-Firma" Anschütz genannt. Auf den über 1100 Seiten der nautischen Zeitschrift *Hansa* des Jahres 1920 blieb dieser Bericht der einzige Hinweis auf die bahnbrechende neue Erfindung und ihren Schöpfer. Es ist zu vermuten, dass Behms Entschluss, sich aus der Verbindung mit Anschütz-Kaempfe zu lösen, spätestens in diese Zeit fällt.

Das Verhältnis zwischen Behm und Anschütz-Kaempfe, das Ende 1912 so vielversprechend begann und sowohl materiell als auch finanziell ganz entscheidend für das Gelingen des Behmschen Projekts war, kann hier nur sehr kursorisch dargestellt werden. Sein Ende war sicherlich von Enttäuschungen auf beiden Seiten begleitet. Dietrich Bludau bemerkt dazu[63, S. 31f]:

Angeregt durch die Titanic Katastrophe hatte der Wissenschaftler Dr. Alexander Behm Schallmessversuche unter Wasser aufgenommen mit dem Ziel, Eisberge oder andere Gegenstände rechtzeitig festzustellen und ihre Entfernung vom Schiff aus bestimmen zu können. Anschütz bot ihm an, als Mitarbeiter und mit voller Unterstützung der Firma seine Idee weiterzuverfolgen. Sieben Jahre lang hat der spätere Erfinder des Echolotes diese Gastfreundschaft genießen dürfen; und als er 1919 ausschied, um sich selbständig zu machen, überließ Anschütz ihm Versuchsgeräte und -einrichtungen zur Weiterforschung.

Dagegen betont Behm mit Bezug auf einen Artikel

von E. Schreiber[50] über das Anschütz-Echolot, niemals ein Mitarbeiter von Anschütz-Kaempfe gewesen zu sein[8, S. 289]:

> Auch sind meine Untersuchungen nicht im Dienste der Firma Anschütz & Co., sondern in meinem Laboratorium ausgeführt und von Herrn Dr. Anschütz-Kaempfe lediglich durch die Hergabe von Geldmitteln gefördert worden, wofür letzterer an meinen fünf ältesten Patenten Anrechte erworben hat.

Nach Behms Erinnerung[66, S. 34] „übernahm Anschütz die Erfindung" und räumte dem Erfinder das „unübertragbare Mitbenutzungsrecht im Falle einer Lösung des Vertrages ein, sowie die Zusage, dass alle Veröffentlichungen unter seinem Namen zu erfolgen hätten".

Wie lange die Firma Anschütz die Weiterentwicklung eines eigenen Echolotes betrieb, konnte nicht geklärt werden[33], aber das Interesse an der Echolotung bestand weiter. Der bedeutende französische Physiker Paul Langevin erzeugte Wasserschall zur Objekterfassung mit Hilfe des piezoelektrischen Effekts. Dieser beschreibt die Eigenschaft mancher Kristalle, zum Beispiel von Quarz, beim Anlegen einer elektrischen Spannung ihre Länge zu ändern und so eine Schallwelle im Wasser auszulösen. Langevin entwickelte für die französische Marine das erste Echolot-System und gehört wie Alexander Behm zu den Pionieren der Echolotung. Albert Einstein erwähnte 1923 in einem Schreiben an Langevin, dass er Anschütz

---

[33] Das Firmenarchiv stand dem Verfasser nicht zur Verfügung.

von Langevins Verfahren zum Abtasten des Meeresgrundes berichtet hätte und dieser schon seit Jahren mit Versuchen in gleicher Richtung beschäftigt wäre und gerne die deutsche Vertretung übernehmen würde[48, S. 187]. Nach erfolgreicher Entwicklung des Kugelkompasses sah sich Anschütz außerstande, die deutsche Vertretung zu übernehmen und empfahl im November 1926 in einem Schreiben an Langevin die als Nachfolgerin der Signal Gesellschaft gegründete Firma Electroacustic GmbH.

Der Erfinder und Unternehmer Alexander Behm wusste, wie wichtig es jetzt war, die potentielle Kundschaft und auch die breite Öffentlichkeit zu informieren. Eine erste überörtliche Reaktion auf die Kieler Präsentation kam aus Bremen. Die *Kieler Neueste Nachrichten* vom 28.7.1920 berichtete unter der Überschrift „Der Ausbau des Signalwesens unter Wasser" über einen Beitrag von Dr. Kunze zum Wasserschall-Signalwesen, dem Geschäftsfeld der Atlas-Werke in Bremen. In einem letzten Satz wurde noch einmal auf Behms Erfindung verwiesen.

Mit erheblicher Verzögerung griff die überregionale Tagespresse die Nachricht aus Kiel über Behms direkt anzeigendes Echolot auf. Dass ein Deutscher eine für die Schifffahrt so wichtige Erfindung gemacht hatte, war so kurz nach der Niederlage im Ersten Weltkrieg Balsam für den gekränkten Nationalstolz. Nur so ist heute die Einleitung zum Bericht über Behms Echolot in der *Deutschen Zeitung* vom 11.8.1920 zu verstehen:

> Während sich heute die halbe Welt darin gefällt, durch „Kommissionen" deutschen Geistesblitz zu enteignen, während deutsche Er-

findungen aller Art den Gegnern ausgeliefert werden müssen, ... hat der ewig unermüdliche deutsche Erfindergeist soeben eine neue Tat aufzuweisen, welche für die Schiffahrt von größter Bedeutung zu werden verspricht. Sie nennt sich Echo-Lot und ihr Schöpfer ist der Physiker Behm-Kiel.

Die Parchimer Zeitung berichtete Anfang September über die bahnbrechende Erfindung, mit Stolz über den Mecklenburger, der seine Kindheit in Parchim verbracht hatte.

Mit der Erfindung des Kurzzeitmessers war das Problem der Messung kurzer Echozeiten gelöst [34]. Ein einfach zu bedienendes Echolot für die zivile Schifffahrt war für einen aufnahmefähigen Markt geschaffen, die Basis für den Erfolg des Unternehmers Behm gelegt. Nun war der Zeitpunkt gekommen, die weitere Entwicklung, Produktion und Vermarktung seines Echolotes in die eigene Hand zu nehmen. Im Oktober 1920 wurde die *Behm-Echolot Gesellschaft mit beschränkter Haftung* mit Sitz in Kiel und mit einem Grundkapital von 20.000 Mark in das Handelsregister eingetragen. Gegenstand des Unternehmens war „Der Vertrieb des Echolots und anderer physikalischer Instrumente". Als Geschäftsführer fungierte der Kaufmann Wilhelm Dransfeld. Einen Monat später folgte die Eintragung der *Behm-Echolot-Fabrik* mit dem alleinigen und persönlich haftendem Inhaber Alexander Behm. Die zugehörige Werkstatt befand sich

---

[34]Mit der genauen Messung sehr kurzer Zeiten hatte Behm Neuland erschlossen, das lebhaftes Interesse von Physikern anderer Fachgebiete fand. Die Behmschen Verfahren fanden auch Eingang in das Handbuch der Physik[65].

in der Holtenauer Straße 181.

Behmlote im Praxistest

Nach Gründung der Behm-Echolot Gesellschaft und der Behm-Echolot-Fabrik im Herbst 1920 standen Erprobungen und weitere Entwicklungen im Vordergrund. Der Jungunternehmer musste aber auch seine sensationelle Neuentwicklung und seine Firma bekannt machen.

Anfang 1921 berichtet die Lokalpresse über Lotungsversuche Behms auf dem Kieler Hafendampfer *Düsternbrook*. „Die weithin sichtbare Vorrichtung erregte die Aufmerksamkeit der Hafendampfer-Fahrgäste"[35]. *Die Voss* vom 13.8.1921 schrieb etwas ausführlicher über Behms Lotungsversuche in Kiel mit dem direkt anzeigenden Echolot.

Jetzt war es an der Zeit, auch die Fachwelt zu informieren. Im Augustheft der renommierten, von der Deutschen Seewarte in Hamburg herausgegebenen Zeitschrift *Annalen der Hydrographie und maritimen Metereologie* beschrieb Behm in seinem Artikel „Das Behm-Echolot" Geschichte und Entwicklung seiner Erfindung. Sehr ausführlich schilderte er die Benutzung und Vorzüge seines nunmehr bordtauglichen Echolotes. Besonderen Wert legte er dabei auf die Darstellung der Einfachheit und Sicherheit der Bedienung an Bord[6]. Die Vorführung des auf einem Fördedampfer[36] provisorisch installierten Behm-Lotes war für die geladenen Gäste

---

[35] Kieler Neueste Nachrichten vom 14.1.1921.
[36] Vermutlich die *Düsternbrook*.

Abbildung 17: Direkt anzeigendes Echolot der Type 1

überzeugend. Wilhelm Brennecke, Abteilungsvorstand in der Seewarte, kam nach der Vorführung über die Vorteile des Behmschen Lotes ins Schwärmen und beschrieb noch im selben Jahr die zukünftigen Verwendungsmöglichkeiten des Echolotes für Navigation, Fischerei und Vermessung[14].

Häufiges Loten hätte viele Strandungen auf Grund von Stromversetzung, Kompassdeviation und schlechter Sicht vermieden. In der Mehrzahl der im Jahre 1920 von den deutschen Seeämtern verhandelten Strandungsfälle wurde zu seltenes Loten beanstandet. Das war jedoch während der Fahrt mit konventionellem Hand-Loten kaum möglich – mit dem Echolot eine Kleinigkeit. Die Bedeutung des einfach zu bedienenden Echolotes wurde auch von der Seefischerei schnell erkannt. Es erleichtert die Navigation im Küstenbereich und das Auffinden ergiebiger Fanggründe an unterseeischen Abhängen. Der Fischereidirektor Fritz Duge unterstrich bereits im Dezember 1921 die Bedeutung des Echolotes für die Fischerei[20]. Trotzdem sollte es noch fast ein Jahrzehnt dauern, bis Fischereifahrzeuge mit Echoloten ausgestattet wurden.

Aus dem Kreis der Weggefährten und Bekannten, den der erfolgreiche Erfinder über seinen Durchbruch informiert hatte, trafen Gratulationen und Glückwünsche ein. Barkhausen bezeichnet das direkt anzeigende Echolot als „Wunderwerk" und schreibt[37]: „Ihr neuer Apparat grenzt ja schon fast an Zauberei". Während des Ersten Weltkrieges war Barkhausen als „wissenschaftlicher Hilfsarbeiter" in der *Inspektion des Torpedowesens* in Kiel beschäftigt und kannte Behm aus jener Zeit. Unter den Gratulanten war auch der Göttinger Professor Max Reich, ehemals wissenschaftlicher Leiter des Torpedoversuchskommandos, der an die gemeinsamen Versuche auf der *Cordoba* erinnerte. Weitere Glückwünsche kamen von Hermann Blohm von *Blohm & Voss* in Hamburg und Professor Hermann Föttinger aus Danzig.

Die Firma Anschütz & Co. hatte nach der Trennung von Behm die Echolotentwicklung in Form eines Anschütz-Echolotes weiter im Programm. Behm wehrte sich gegen diese Konkurrenz und kämpfte um seinen Status als Erfinder und Namensgeber des Echolots[7, S. 939]:

Die auf S. 392 gebrachte Notiz über das

---

[37]Brief vom 13.11.1021 StaK, Nachlass Behm D72.

Anschütz-Echolot, sowie die Notiz über das Akustische Lot auf S. 225 bedürfen insofern der Richtigstellung, als ich der Erfinder des Echolotes bin und weder die Firma Anschütz & Co., Neumühlen bei Kiel, noch die Signal Gesellschaft m.b.H. in Kiel an der Erfindung des Echolotes beteiligt sind. Ueber das Behm-Echolot-Verfahren, für welche ich das Wort »Echolot« geprägt habe, werde ich mit Zustimmung der Schriftleitung der »Hansa« in einer der nächsten Nummern einen ausführlichen Artikel schreiben.

In dem so angekündigten Artikel berichtet Behm ausführlich über seine Erfindung[7, S. 1418f].

Im Herbst 1921 bereitete sich Behm auf die Erprobung seines Echolotes auf dem Vermessungsschiff *Panther* der Marine vor. Die *Panther* war das ehemalige Kanonenboot der Kaiserlichen Marine, das im Jahre 1911 nach Agadir entsandt worden war und diesem Unternehmen der damaligen Kolonialpolitik den Namen „Panthersprung" gegeben hatte.

Die Erprobungsfahrt wurde von Emden aus in der Nordsee durchgeführt. In die 15 cm dicke hölzerne Bordwand war ein Seeventil für das außenbords eingesetzte Empfangsmikrofon eingelassen worden. Bei ganz langsamer Fahrt verliefen die Lotungen problemlos. Als die *Panther* jedoch mehr Fahrt aufnahm, setzte das Geräusch des vorbeiströmenden Wassers das verwendete Kohlemikrofon für den Echoempfang außer Betrieb. Behm geriet unter Druck; die Erprobung seines Echolotes stand vor dem Scheitern. Er musste sich etwas einfal-

Abbildung 18: Das Kanonenboot *Panther* bei der Einfahrt in Wilhelmshaven nach Rückkehr aus Agadir 1911

len lassen und griff wieder zum Schatz seiner Jugenderinnerungen. Seine schwerhörige Tante benutzte ein großes Hörrohr. So etwas musste her, und zwar schnell. Hörrohre waren nicht an Bord. Behm behalf sich mit einer leeren Dose, lötete ein Rohr in den Boden ein, verlötete den Deckel wasserdicht und hatte so etwas Ähnliches wie ein Hörrohr. Anstelle des Mikrofons wurde nun das improvisierte Hörrohr durch das Seeventil geschoben. Der Wasserschall wurde über einen luftgefüllten Schlauch an das Mikrofon im Schiffsrumpf geleitet. Die Lotungen gelangen und auf das außenbords angebrachte Mikrofon konnte verzichtet werden[66, S. 71].

Im November 1921 lief die *Panther* auch die südschwedische Stadt Karlskrona an. Die Vorführung des Echolots hinterließ bei den schwedischen Fachleuten einen nachhaltigen Eindruck[38]. Das lebhafte Interesse an der neuen Erfindung hatte auch militärische Gründe. Die Geheimnisse der Fahrwasser in den Schären hatten für Schweden strategische Bedeutung. Genaue Seekarten, die eine Unmenge von Lotungen erfordern, waren für die eigene Marine unerlässlich. Potentiellen Gegnern sollten sie jedoch unbekannt bleiben. Das Behmlot versprach die Möglichkeit, anstelle der mühseligen und zeitraubenden Handlotungen eine Vielzahl präziser Tiefenmessungen während der Fahrt ausführen zu können.

Behm wurde Mitglied der exklusiven Schiffbautechnischen Gesellschaft, eines 1899 unter dem Patronat des Kaisers gegründeten Vereins, mit dem Ziel, Schiffbauern, Schiffsmaschinenbauern, Reedern, Offizieren der Kriegs- und Handelsmarine und anderen, mit dem Seewesen in

---

[38] Karlskrona Tidningen vom 30.11.1921.

Verbindung stehenden Kreisen ein Forum zu schaffen, um wissenschaftliche und praktische Fragen der Schiffstechnik zu erörtern. Durch diese Mitgliedschaft ergaben sich für den Erfinder und Unternehmer wichtige Kontakte.

Zwischen 1920 und 1922 nahm Behm weitere Verbesserungen an seinem Echolot vor, die vor allem der Praxistauglichkeit galten und zu weiteren 30 Patenten führten. Damit war der Durchbruch zu einem kompakten, bordtauglichen Echolot geschafft, das nun in die praktische Erprobung gehen konnte. Anfangs mussten Schallgeber und -empfänger durch Seeventile unterhalb der Wasserlinie für die Messungen und beim An- und Ablegen ein- und ausgefahren werden. Somit erforderte der Einbau des Echolotes eine teure und zeitraubende Dockung des Schiffes, um die Seeventile anzubringen. Außerdem mussten die Seeventile für das Bedienungspersonal zugänglich sein, um Schallgeber und -empfänger ausbringen zu können. Der entsprechende Raum war für die Ladung verloren. Beim Loten musste neben dem Mann im Kartenhaus ein weiterer unten im Schiff den Geber bedienen.

Das Seeventil für den Geber konnte entfallen, wenn die Knallpatrone durch die Luft ins Wasser fliegen, einsinken und dann zünden würde. Da war wieder der Praktiker und Tüftler gefragt, der eine praktikable und bordtaugliche Lösung fand, nämlich die Rohrpost. Für die Lotung legt der Bediener des Echolotes eine Patrone in eine Patronenkammer neben dem Kurzzeitmesser auf der Brücke ein. Durch ein Mundstück bläst er die Patrone durch ein Rohr in den Geberkopf an der Bordwand oberhalb der Wasserlinie. Die Patrone rastet dort ein und ist für die Lotung bereit. Wem der Patronentransport mit Atemluft nicht gefiel, der konnte auch eine Luftpumpe einsetzen. Durch Niederdrücken eines Knopfes am Kurzzeitmesser wird die Patrone elektrisch gezündet. Die Knallkapsel fliegt durch die Luft ins Wasser. Zunächst langsam abbrennendes Pulver dient als Zeitzünder, so dass die brisante Ladung der Sprengkapsel erst dann zündet, wenn sie etwa eineinhalb Meter im Wasser abgesunken ist. Damit erübrigte sich das Seeventil für den Geber und seine Bedienung[8].

Im Mai 1922 erprobte Behm an Bord des Fährschiffs *Prinz Sigismund* der Kiel-Korsör-Linie ein innenbords angebrachtes Empfängermikrofon, eine Sprengpatrone mit verzögerter Zündung sowie eine Patronenschleuse für den Geber. Die Versuche verliefen erfolgreich[39]. Seeventile konnten nun entfallen.

Im August gelangen mit einer noch provisorischen Anlage auf der Fahrt des Bäderdampfers *Kaiser* von Helgoland nach Hamburg bei Sturm und hohem Seegang mehrere Lotungen in bester Übereinstimmung mit den entsprechenden Kartentiefen[8, S. 292].

---

[39]Labortagebuch StaK, Nachlass Behm D5.

Luftlote

Behm erkannte ein weiteres Anwendungsgebiet seiner Echolote. Für die Bestimmung der Flughöhe von Luftfahrzeugen gab es zu damaliger Zeit nur die indirekte Methode, die auf Messung des Luftdrucks beruht, der mit ansteigender Höhe abnimmt. Um die Flughöhe über dem Boden mit Hilfe des gemessenen Luftdrucks festzustellen, benötigt man zusätzlich den Luftdruck am Boden und dessen Höhe über dem Meeresspiegel. Der Luftdruck hängt außerdem von Temperatur und relativer Luftfeuchte ab. Ist eine oder sind mehrere dieser Größen unbekannt oder fehlerhaft ermittelt, drohen katastrophale Folgen. Zum Beispiel kann ein kräftiges Tiefdruckgebiet eine viel zu große Flughöhe vortäuschen, wenn der niedrige Luftdruck am Boden nicht berücksichtigt wird. Schlechte Sicht und fehlende Orientierung sind weitere Risiken.

Eine direkte Bestimmung der Flughöhe von Luftschiffen und Flugzeugen auch in Nacht und Nebel war für die Flugsicherheit von größtem Interesse. Kein Wunder, dass Behm schon sehr bald an die akustische Höhenmessung für Luftfahrzeuge dachte. Für ein Luftschiff ist die Flughöhenbestimmung nichts anderes als das Loten im Luftmeer. Parallel zur Entwicklung des Echolotes für Schiffe entwickelte Behm ein sogenanntes Luftlot zur Höhenbestimmung von Luftschiffen und Flugzeugen[40].

Das Luftlot war weitgehend wie das Echolot für Wasserfahrzeuge konstruiert. Schallquelle war auch eine elektrich gezündete Sprengpatrone, die aus einem Ge-

---

[40]Die entsprechenden Entwicklungen führten bereits 1921 zu einem entsprechenden Patentantrag.

ber nach dem Rohrpostprinzip heraugeschleudert wurde und erst in sicherer Entfernung von der Luftschiffhülle detonierte. Die Skala des Kurzzeitmessers war natürlich mit der geringeren Schallgeschwindigkeit in der Luft geeicht.

Erste erfolgreiche Lotungen gelangen im September 1924 in Friedrichshafen auf Probeflügen des Luftschiffs ZR III „Los Angeles", das im Oktober nach einem Atlantikflug als Reparationsleistung an die USA übergeben wurde. Die direkte Messung der Flughöhe per Knopfdruck bedeutete einen beachtlichen Gewinn für die Sicherheit in der stark expandierenden Luftfahrt. Alexander Behm war auf diesem Gebiet unbestrittener und international anerkannter Pionier[19, S. 9f].

Das Behmsche Luftlot als einziges Verfahren der außerbarometrischen Flughöhenbestimmung erregte beträchtliches Aufsehen in Luftfahrtkreisen. Anders als heute spielten in den zwanziger und dreißiger Jahren des vergangenen Jahrhunderts Luftschiffe eine wichtige Rolle in der Passagierluftfahrt. Die *Koninglige Nederlandsche Vereenigung voor Luchtvaart Amsterdam* verlieh 1924 im Rahmen eines Preisausschreibens zur Sicherung des Luftverkehrs einen Preis von 1000 Gulden an Alexander Behm.

In Zusammenarbeit mit dem Deutschen Verein für Luftfahrt (DVL) wurde in Berlin-Adlershof der Einsatz von Luftloten für Flugzeuge erprobt. Dazu wurde eine Junkers F 13 entsprechnd ausgerüstet. Anders als bei den Luftschiffen erwies sich der Motorenlärm allerdings als besonders störend, so dass sich das Luftlot für Flugzeuge als weniger geeignet erwies. Anlässlich der

Abbildung 19: Frühes Behmlot mit Zeiger

Für das Luftschiff ZR III hergestellter Behm-Zeitmesser mit mechanischer Anzeige. Dieses Luftlot war 1925 bereits veraltet. Der Zeiger wurde später durch eine optische Anzeige ersetzt.

Abbildung 20: Luftlot im Zeppelin ZR III

Münchener Luftfahrtschau im September 1925 stellte Behm seine Luftlote aus und hielt einen Experimentalvortrag zur Entwicklung des Behmlotes zum akustischen Höhenmesser für Luftfahrzeuge auf der Tagung der wissenschaftlichen Gesellschaft Luftfahrt in München[9].

Anfang 1928 erhielt Behm die Große Goldene Plakette der *Union pour la Securité en Aéroplane* bei einem international ausgeschriebenen Wettbewerb zur Sicherheit von Flugzeugen[60, S. 32]. Diese Auszeichnung für den deutschen Erfinder fand angesichts der damals vorhandenen deutsch-französischen Rivalität ein nachhaltiges Echo in der überregionalen Presse. Sie wurde Anlass, wieder einmal an den Echoloterfinder zu erinnern.

Das Luftschiff LZ 127 „Graf Zeppelin", das 1929 eine spektakuläre Weltumrundung machte, hatte ein Behmsches Luftlot an Bord. Dass der Verzicht auf eine zuverlässige Höhenbestimmung in die Katastrophe führen kann, zeigt der tragische Unfall des britischen Luftschiffes R 101, das am 5. Oktober 1930 an einem Hügel in Frankreich zerschellte, in Flammen aufging und 48 Passagieren in den Tod riss. Ein Luftlot war vorhanden, aber nicht an Bord. Dieser Unfall markierte das Ende des britischen Luftschiffbaues. Schallbasierte Höhenmesser wurden in der Luftfahrt bis in die dreißiger Jahre eingesetzt.

Akustische Tiefseelotungen und die Deutsche Atlantische Expedition

Wegen der kurzen Schall-Laufzeiten war die Lotung kleiner, für die Schifffahrt besonders wichtiger Tiefen am schwierigsten. Die Behmlote konnten Tiefen von zwei Metern noch auf 25 cm genau messen. Die ersten direkt anzeigenden Echolote waren für die Lotung geringer Tiefen ausgelegt und in erster Linie für die Navigation in Küstengewässern vorgesehen. Das hatte auch geografische und historische Gründe: Die deutsche Echolotentwicklung während des Ersten Weltkriegs fand in Kiel statt; Zugang zur Tiefsee gab es kriegsbedingt nicht. In der westlichen Ostsee konnte die größte Tiefe von etwa 40 m bei der Insel Alsen gelotet werden. Die Messung großer Tiefen schien Behm wegen der langen Echozeiten so einfach, dass er eigentlich gar nicht einsah, dafür aufwändige Apparate zu konstruieren[41]:

> Große Wassertiefen zu loten, ist keine Kunst; dazu genügt jede gewöhnliche Stoppuhr und eine Behmlotpatrone, beides in der Westentasche unterzubringen.

Abgesehen davon, dass die Westentaschen ziemlich groß sein müssten, wird damit die Attraktivität eines Gerätes unterschätzt, das auf Knopfdruck die Tiefe auf einer Skala anzeigt, weil dann die Reaktionszeit des Zeitnehmers das Messergebnis nicht beeinflusst. Das sollte der eigenwillige Erfinder bald zu spüren bekommen.

Größtes Aufsehen in der Fachwelt erregten die erfolg-

---
[41] Kommentar Behms zu [35], StaK, Nachlass Behm B4.

reichen Lotungen des amerikanischen Zerstörers *U.S.S. Stewart* auf der Fahrt von Newport (USA) nach Gibraltar im Juni 1922. Dabei wurden stündlich, insgesamt 215 akustische Tiefseelotungen mit dem *Sonic-depth-finder* des amerikanischen Physikers Harvey C. Hayes durchgeführt. Während diese Messungen nur entlang einer Linie vorgenommen wurden, haben die beiden Zerstörer *Corry* und *Hull* in demselben Jahr zwischen San Francisco und San Diego ein Areal von 100.000 Quadratkilometern sytematisch vermessen. Aus diesen Ergebnissen wurde die erste aus Echolotungen gewonnene Isobathenkarte[42] erstellt[49, S. 193]. Diese neuen Möglichkeiten faszinierten auch in Deutschland die Ozeanografen, zumal es seit 1919 Pläne für eine große deutsche ozeanografische Expedition gab. Die Marine war an ihrer Verwirklichung sehr interessiert. Die Expedition sollte das Ansehen Nachkriegsdeutschlands verbessern und die Gelegenheit bieten, auf den Weltmeeren Flagge zu zeigen.

Das politische Umfeld dieses Unternehmens war heikel. Man hielt es für ratsam, die entsprechenden Vorbereitungen geheim zu halten, um den Siegermächten keinen Anlass zu geben, anstelle einer aufwändigen Expedition beschleunigte Reparationszahlungen zu verlangen. Auch sollte die Expedition das Vorhaben des Nobelpreisträgers Fritz Haber vorantreiben, Gold aus dem Meerwasser zu gewinnen, um die Reparationen damit zu bezahlen. Das durfte natürlich nicht publik werden[30, S. 145ff]. Es gelang, ein noch nicht fertiggestelltes Kanonenboot, das zur Verschrottung bestimmt war, für den Umbau zu dem Forschungs- und Vermessungsschiff *Meteor* freizubekommen.

---

[42]In dieser Karte sind Punkte gleicher Tiefe durch Tiefenlinien verbunden.

Die Reichsmarine forderte die Seewarte und das Institut für Meereskunde Berlin auf, Pläne für eine große ozeanische Expedition zu entwickeln. Der Vorschlag von Professor Merz, eine dreijährige Untersuchung des pazifischen Ozeans vorzunehmen, scheiterte aus Kostengründen. Aus einer großen pazifischen Expedition wurde nur eine atlantische. Die Finanzierung der *Deutschen Atlantischen Expedition* wollten die *Notgemeinschaft der Deutschen Wissenschaft* und die *Reichsmarine* übernehmen. Unter dem Vorsitz des Präsidenten der Notgemeinschaft der deutschen Wissenschaft Schmidt-Ott wurde eine hochrangig besetzte Kommission[43] für die Deutsche Atlantische Expedition gebildet[57, S. 5f]. Die Entscheidung, das Versuchsschiff *Meteor* mit tiefseetauglichen Echoloten auzustatten, fiel 1923. Auf jeden Fall sollte der Sonic-depth-finder von Hayes beschafft werden. Jedoch war noch kaum etwas über diesen Apparat bekannt. Der Echolot-Experte der Marine, Hans Maurer, informierte sich durch zwei amerikanischen Zeitschriftenartikel, die ihm die Signal Gesellschaft leihweise überließ[37, S. 75].

Die Lotmethoden von Hayes

Während des Ersten Weltkriegs hatte die Entwicklung von Verfahren zur Erkennung und Abwehr deutscher U-Boote höchste Priorität für die Marine der USA. Man setzte auf Unterwassermikrofone, so genannte Hydro-

---

[43]Schmidt-Ott (Vorsitz), Merz (Institut für Meereskunde Berlin), Capelle (Seewarte), Hergesell (Aeronautisches Observatorium Lindenberg, Lohmann (Zoologisches Staatsmuseum Hamburg), Haber (Kaiser-Wilhelm-Institut für Phyikalische Chemie und Elektrochemie Berlin), Wedemeyer (Marine), Spieß (Marine).

phone, arbeitete mit der Submarine Signal Company zusammen und hatte Wasserschallexperten wie den Physiker Harvey C. Hayes angestellt. Aus diesen militärischen Anwendungen der Wasserschalltechnik ist auch ein Echolotverfahren entstanden.

Hayes wählte für geringe Tiefen ein anderes Verfahren als für große Tiefen. Anstatt Echozeiten zu messen, nutzte er die Fähigkeit des Menschen, mit beiden Ohren die Gleichzeitigkeit von Schallsignalen zu erkennen. Im März 1919 unternahm Hayes an Bord des Truppentransporters *Von Steuben*[44] auf der Fahrt von New York nach Brest Lotungsversuche[26, S. 329].

Für Wassertiefen bis zur dreifachen Schiffslänge maß Hayes mit Hydrophonen den Winkel, unter dem das Schallecho vom Grund empfangen wird. Schallgeber war die Schiffsschraube. Im Vorschiff wurden zwei Mikrofone unter der Wasserlinie in verschiedenem Abstand vom Heck angebracht. Sie empfingen nur[45] die am Meeresgrund reflektierten Schraubengeräusche, wegen des unterschiedlich langen Schallwegs in einem Zeitabstand.

Mit einem Regler schaltet der Beobachter zwischen Mikrofon und Hörer eine Verlängerung des kürzeren Schallwegs ein, bis er den Eindruck hat, dass der Schall genau von vorn kommt. Aus der Größe dieser Kompensation kann der „Lotwinkel" β in Abbildung 21 bestimmt werden, der die Wassertiefe ergibt[37, S. 76]. Auf diese Weise umging Hayes durch Einbeziehung des menschlichen Hörvermögens die schwierige direkte Mes-

---

[44]Der 1917 requirierte deutsche Passagierdampfer *Kronprinz Wilhelm*.
[45]Der Schall auf dem direkten Weg von der Schraube und der an der Wasseroberfläche reflektierte Schall löschen sich gegenseitig aus.

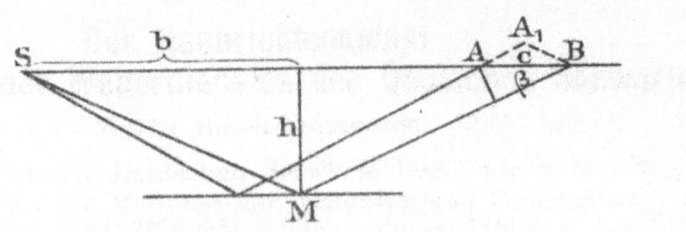

Abbildung 21: Echolotung nach Hayes

A,B Hydrophone
S Schiffsschraube
β „Lotwinkel"

sung der Echozeit.

Für größere Wassertiefen verwendete Hayes einen Membransender als Schallgeber, der Schallstöße in gleichen, aber regelbaren Zeitabständen zum Meeresgrund schickt. Der Beobachter regelt die Intervalle der Schallstöße so, dass die abgehenden Schallimpulse im einen Ohr gleichzeitig mit den Echos vom Meeresgrund im anderen Ohr gehört werden. Das ist dann der Fall, wenn die zunächst noch unbekannte Zahl der Zeitabstände zusammengenommen der Echozeit genau gleich ist. Durch einem erneuten Abgleich mit einem etwas kürzerem Impulsabstand, kann die noch unbekannte Anzahl der Zeitintervalle, und damit auch die Echozeit ermittelt werden[37, S. 79].

Diese Messanordnung erhielt den Namen Sonic-depth-finder. Ihr Konzept unterschied sich deutlich von Behms Vorgehen, das der Amerikaner ausdrücklich anerkannte. In [26, S. 326-329] schildert Hayes die Entstehung des Behmlots und würdigt die Leistung seines Erfinders:

> This sounding device which the inventor calls the Behm-Echolot, represents a large amount of excellent research and the exercise of considerable ingenuity.

Behm-Echolote für die Tiefsee

Das fotografisch registrierende Echolot konnte zumindest prinzipiell auch große Tiefen messen. Allerdings mussten entsprechend große Sprengladungen verwendet werden und für jede Lotung wurde ein langer Streifen lichtempfindlichen Films oder Papiers benötigt. Daher forderte und unterstützte die Seewarte die Entwicklung direkt anzeigender, tiefseetauglicher Behm-Echolote. Die dafür notwendigen Versuche erforderten die Zusammenarbeit mit den großen Reedereien der Atlantikrouten. Zunächst gab es Schwierigkeiten mit der Akzeptanz des Behmlotes auf Schiffen der *Hamburg-Südamerikanische-Dampfschiffahrts-Gesellschaft (Hamburg-Süd)*. In einem vertraulichen Brief[46] vom April 1923 an Behm berichtet Georgi, Abteilungsleiter in der Seewarte, dass das Behmlot von der *Hamburg-Süd* als unbrauchbar bezeichnet worden war. Diese ungünstige Einschätzung rief die Hamburger Seewarte auf den Plan. In einem Schreiben an die Hamburg-Süd bittet die Seewarte um die Unterstützung der Lotungsversuche im Interesse der weiteren Entwicklung des Echolotes unter anderem für die Verlegung von Seekabeln, das heißt für die Tiefseelo-

---
[46] StaK, Nachlass Behm D72.

tung. Eine Durchschrift erhält Behm durch den Präsidenten der Seewarte[47]. Am 30.7.1923 schrieb Capelle erneut an die Hamburg-Süd und betonte das starke Interesse der Seewarte an der Tiefseelotung für wissenschaftliche Zwecke:

> In nautischen wie wissenschaftlichen Kreisen haben die Erfolge der Nordamerikaner in der Anwendung des Echolotes berechtigtes Aufsehen erregt. Mit Recht, bedeutet doch das Verfahren mit Hülfe des Echolotes die Tiefe zu messen geradezu eine Umwälzung in der Methode der wissenschaftlichen Erforschung des Meeres, aber auch der Kabellegung, der Auslotung von Küsten usw. und die Entwickelung des Echolotes hat eine nicht leicht zu überschätzende Bedeutung. Die Deutsche Seewarte verfolgt sie deswegen mit größtem Interesse. Die deutschen Versuche, mit dem Echolot die Tiefe zu messen, die zuerst von dem Physiker A. Behm in Kiel ausgeführt worden sind, waren bisher darauf gerichtet, geringere Tiefen mit möglichst großer Genauigkeit zu messen, jetzt aber sollen auch Versuche gemacht werden, große ozeanischen Tiefen zu messen.

Behm wusste damals nichts von der Deutschen Atlantischen Expedition und den geplanten Tiefseelotungen. In einem Schreiben der Seewarte an die Echolotfabrik betonte Gerhard Schott, als Ozeanograf Abteilungsleiter in der Seewarte, dass das Echolot in Nordamerika

---

[47]Schreiben vom 24.7.1923 StaK, Nachlass Behm D72.

auch zum Loten großer Tiefen eingesetzt würde und bekundet im Hinblick auf die große wissenschaftliche und praktische Bedeutung das Interesse der Seewarte an der Fortentwicklung eines deutschen Modells, das auch für ganz große Tiefen arbeitet. Er bat um einen Termin für die Erörterung des weiteren Vorgehens[48]. Der Termin mit Schott kam auch zustande, jedoch war Behm vom Ergebnis der Besprechung alles andere als erbaut[66, S. 83f]. Nach einer Betriebsbesichtigung und einem Essen im Hause Behm, wollte sich die Seewarte auf einer Erprobungsfahrt über den Atlantik nun doch dem Risiko des Scheiterns der Echolotungen aussetzen. Das starke Interesse der Seewarte an der Fortentwicklung des deutschen Echolotes, hing möglicherweise mit dem Verkauf der Signal GmbH an die Submarine Signal Company durch die Firma Neufeld & Kuhnke in demselben Jahr zusammen. Die Amerikaner waren nicht an der Fortführung der Signal Gesellschaft, sondern vor allem an der Nutzung ihrer Patente interessiert. Behm war damals der einzige deutsche Hersteller von Echoloten.

Die Unterstützung durch die Seewarte hatte Erfolg. Im März 1924 wurden auf dem Dampfer *Antonio Delfino* der Hamburg-Süd in der Nordsee und im Ärmelkanal Echolotungen in Tiefen bis ca. 100 m durchgeführt. In der Zeit vom 29. April bis zum 30. Mai 1924 wurden auf dem Passagierschiff *Hansa* der *Hamburg-Amerika-Linie* auf der Fahrt von Hamburg über Halifax nach New York und zurück mit den weiterenwickelten Behm-Loten Tiefseelotungen vorgenommen. Von der Seewarte war Bruno Schulz und von der Echolot-Gesellschaft der erfahrene technische Assistent Walter Krentzin an Bord. Es

---

[48]Schreiben vom 5.7.1923. StaK, Nachlass Behm D72.

sollte die Zuverlässigkeit der Behmschen Verfahren und ihre Verwendbarkeit für Tiefseelotungen geprüft werden. Für die Versuche standen verschiedene Behmlote zur Verfügung. Das fotografisch registrierende Lot, das für alle Tiefen geeignet war, sowie bei hinreichend starkem Echo direkt anzeigende Behmlote. Das Echolot des Typs 3 ließ mehrfache Umläufe des Kurzzeitmesserrades zu und konnte alle Tiefen messen.

Die Lotungen mit dem Behmlot im Ärmelkanal, vor Halifax (Neuschottland) und westlich der Niederlanden zwischen 25 und 90 Metern stimmten gut mit den Kartentiefen und den Messungen mit dem Thomson-Lot überein. Für die Lotungen mitten im Atlantik war noch nicht geklärt, ob sich bei großen Wassertiefen mit den Behmlotpatronen ein ausreichend starker Schall erzeugen lässt, damit das Empfangsmikrofon anspricht. Vorsorglich hatte sich Behm vom Torpedo-Laboratorium der Marine in Kiel Lotpatronen mit 4, 8, 16, bis 100 Gramm Sprengladung anfertigen lassen. Es zeigte sich, dass die 8 g Patrone ausreichte, um Messungen bis zu 5200 m durchzuführen[51, S. 289]. Diese Patronenstärke genügte allerdings für größere Tiefen nicht, um das fotografisch registrierende Behmlot anzusprechen. Stärkere Patronen wurden bei dieser Fahrt mit Rücksicht auf die Passagiere nicht eingesetzt. Das Schallecho wurde daher von verschiedenen Personen durch ein Telefon mit dem Ohr aufgenommen und die Registrierung mit einem pistolenartig gestalteten Unterbrecher ausgelöst. Wegen der verschiedenen Reaktionsgeschwindigkeit der Beobachter wurden die Messwerte mit einer persönlichen Gleichung korrigiert. Der Vergleich der Messungen mit den entsprechenden Tiefenangaben auf der Seekar-

Abbildung 22: *MS Buckau* mit Flettner-Rotoren

te ergab eine zur Kartentiefe hinreichende Genauigkeit dieser sogenannten „Ohrlotmethode".

Behm-Echolote im Wettbewerb

Im November 1924 wurde Kiel Schauplatz eines schiffbautechnischen Ereignisses. Ein Schiff mit einem neuartigen Antrieb sollte präsentiert werden. Der Ingenieur und Erfinder Anton Flettner hatte die Idee umgesetzt, die Windkraft für den Schiffsantrieb anstatt mit Segeln durch zwei rotierende vertikale Zylinder zu nutzen. Der einen derartigen Zylinder umströmender Wind bewirkt eine Querkraft, die das Schiff antreiben kann.

Der Dreimastschoner *Buckau* wurde 1924 auf der Germaniawerft für den Antrieb nach Flettner mit zwei Stahlblechzylindern von 2,8 m Durchmesser und 18,3 m Höhe (sogenannten Flettner-Rotoren) zum Motorschiff *MS Buckau* umgebaut (Abbildung 22).

Beide Rotoren wurden mit je 10-PS Elektromotoren angetrieben; den Strom lieferte ein 45 PS Dieselmotor. Für die Demonstration dieser schiffstechnischen Sensation auf der Kieler Förde wurde im November 1924 eine Begleitfahrt mit dem Dampfer *Bubendey* der Hamburg-Amerika-Linie organisiert, auf dem alles versammelt war, was Rang und Namen in Schifffahrt und Schiffbau hatte, darunter auch Behm.

Bei dieser Gelegenheit lernte Behm Emil Hergesell, den einflussreichen Leiter des Aeronautischen Observatoriums Lindenberg bei Berlin, kennen. Nach einer Besichtigung des Echolots lud Hergesell Behm zu einem Vortrag über sein Echolot nach Berlin ein. Der Vortrag fand im Metereologischen Institut der Berliner Universität am 16.12.1924 vor zahlreichen Vertretern der Wissenschaft, Luftfahrt, Kriegs- und Handelsmarine statt. Nach dem Vortrag erfuhr Behm eher zufällig aus Kreisen des Reichsmarineamtes, dass ein Marineschiff für eine Tiefseeexpedition mit einem Echolot ausgerüstet werden sollte. Es handelte sich um die geplante Deutsche Atlantische Expedition mit dem Vermessungsschiff *Meteor*.

Als Behm erfuhr, dass nicht sein, sondern ein von den Atlas-Werken in Bremen vertriebenes amerikanisches Echolot eingesetzt werden sollte, fühlte er sich sowohl von der Marine als auch von der Expeditionsleitung übergangen und ungerecht behandelt[66, S. 79ff]. Er hatte sogar den vermutlich unbegründeten Verdacht, dass ein Echolot, das er Amerikanern verkauft hatte, Vorlage für das Konkurrenzmodell gewesen war. Seine nicht immer von diplomatischem Geschick begleiteten Interventionen bei Expeditionsleitung und Marine blieben nicht nur erfolglos, sondern sorgten dort für erhebliche Verärgerung. Der erboste Erfinder suchte sogar den Justizminister Gustav Radbruch auf, um das Atlas-Lot als amerikanisches und nicht als deutsches Produkt feststellen zu lassen. Der Vorstoß war in der Sache richtig, aber ohne jeden Erfolg; das nationale Argument war in diesem Zusammenhang natürlich kontraproduktiv.

Die Enttäuschung und Empörung Behms ist verständlich. Ausgerechnet der erste, der bordtaugliche Lotapparate entwickelt hatte, und der einzige, der funktionsfähige Echolote liefern konnte, erfuhr nichts von den geplanten Tiefseelotungen und bekam im Gegensatz zu seinen Konkurrenten keine Gelegenheit, sich an dem Wettbewerb um das beste Tiefsee-Echolot zu beteiligen. Genauer gesagt: Behm wusste gar nichts von dem Wettbewerb und war schon aus dem Rennen, als seine Konkurrenten ihre Entwicklungen begannen. Man war offensichtlich davon ausgegangen, dass die Behmlote für Tiefseelotungen unbrauchbar waren. Auf Anfrage hatte die Behm-Echolot-Gesellschaft für Tiefseelotungen das fotografisch aufzeichnende Echolot angeboten, allerdings ohne Erfolg. Das Auszählen der Stimmgabelschwingungen wurde als zu zeitraubend eingeschätzt. Vorbehalte gab es auch gegen den Einsatz der Sprengkapseln, für den es im Tiefwasser keine Erfahrungen gab, während die Amerikaner mit Tonsendern schon ein

Atlantikprofil aufgenommen hatten. Sicherlich spielten auch die vergleichsweise hohen Anschaffungskosten eine wichtige Rolle[49][40, S. 10].

Man überging Behm als möglichen Lieferanten eines Tiefseelotes und beauftragte Anfang 1924 die Signal Gesellschaft mit der Entwicklung eines Echolotes, die Bernhard Settegast binnen eines Jahres abschloss. Dieses Tiefseelot wurde *Signallot* genannt. Das Reichswehrministerium bestellte im Juni 1924 bei der Behm-Echolot-Gesellschaft ein direkt anzeigendes Behmlot für geringere Wassertiefen, das bis zum 20. September zu liefern war. Trotz der erfolgreichen Tiefseelotungen auf der *Hansa*, die der Marine, insbesondere der Meteor-Kommission bekannt waren[50], blieb der Kieler Echoloterfinder unberücksichtigt und ahnungslos, obwohl es ein direkt anzeigendes Behmlot für alle Tiefen gab[51, S. 300]. Verschiedene Gründe waren für dieses zweifellos beabsichtigte Vorgehen maßgebend: Die Vergabe der Aufträge für die geheime Mission an amerikanische Firmen war politisch sicherlich kein Fehler. Bei Schwierigkeiten hätte man mit der Unterstützung der Submarine Signal Company rechnen können. Die bedeutende Ozeanische Expedition konnte nicht auf den erwiesenermaßen funktionierenden Sonic-depth-finder verzichten. Der amerikanische Vertragspartner, ein seit 1901 sehr erfolgreiches Unternehmen, in Deutschland über die Atlas-Werke Bremen bestens eingeführt, konkurrierte mit der

---

[49]Das schließlich von der Signal Gesellschaft für die *Meteor* gebaute Echolot kostete weniger als ein Viertel des Angebotspreises für das Behmlot. Ob es bei Kenntnis des Verwendungszwecks bei diesem hohen Preis geblieben wäre, ist zu bezweifeln.

[50]Der Präsident der Seewarte Hans Capelle war Mitglied der Meteor-Kommission.

Kieler Echolotfabrik, die eigentlich ein Handwerksbetrieb mit einem eigenwilligen Chef war. Man traute dem Kieler Erfinder ohne abgeschlossenes Physikstudium, der Tiefwasserlotungen im Gegensatz zu Lotungen im Flachen für wenig schwierig und wichtig hielt, nicht zu, ein konkurrenzfähiges Echolot zu liefern. Behm wurde buchstäblich ausgebootet.

Zur Beschaffung des Tiefseelots von Hayes für *Meteor* bat man im Juli 1924 die Signal Gesellschaft, die Lieferung eines derartigen Gerätes durch die Submarine Signal Company in Boston zu vermitteln[51][40, S. 19]. Es kam schließlich an Stelle des Sonic-depth-finders zur Lieferung des von Fessenden und Hayes in der Submarine Signal Company neu entwickelten *Fathometers*[52] durch die Atlas-Werke Bremen. Immer noch unter Geheimhaltung lief die *Meteor* am 20.1.1925 zu einer Vorexpedition in den Atlantik aus, das fertiggestellte Signallot und das Behmlot waren an Bord. Das auch als *Atlaslot* bezeichnete Fathometer war noch nicht geliefert worden. Es wurde erst im März, nach der Rückkehr der Meteor am 16. Februar, von der Marinewerft Wilhelmshaven und den Atlas-Werken eingebaut.

Die Deutsche Atlantische Expedition sollte eine Fülle ozeanografischer Daten, darunter auch Profile des Meeresbodens im Atlantik durch systematisches Loten liefern. Es waren auf 30.000 Positionen Tiefseelotungen mit dem Signallot und dem Fathometer und insgesamt 1600 Lotungen mit dem Behmlot vorgesehen. Zusätzlich

---

[51] Seit 1923 war die Submarine Signal Company Eigentümerin der Signal Gesellschaft[48, S. 223].
[52] Fathom, zu deutsch (nautischer) Faden, entspricht 6 Fuß. In Großbritannien sind das 1,8288 m.

Abbildung 23: Vermessungsschiff *Meteor*, 1927

zu den akustischen Lotungen waren Drahtlotungen und Tiefenmessungen mit dem Freilot[53] der Signal Gesellschaft geplant. Das Programm wurde annähernd durchgeführt. Auf der Hauptexpedition vom April 1925 bis Juni 1927 wurden insgesamt 67.388 Echolotungen ausgeführt[40, S. 24].

Das Signallot war für Lotungen von 70 bis zu 9000 Metern konstruiert. Das Echo wurde über Telefonhörer wahrgenommen. Wenn der Telefonkontakt auf einer Skala richtig eingestellt war, konnte die Tiefe dort abgelesen werden. Das Atlaslot zeigte bis zu 100 Faden (ca. 185 m) direkt an. Bei größeren Tiefen musste festge-

---

[53]Ein tropfenförmiger Lotkörper, der ohne Lotleine mit konstanter Geschwindigkeit absinkt und beim Auftreffen am Grund ein Schallsignal abgibt. Aus Sinkgeschwindigkeit und Sinkzeit ergibt sich die Wassertiefe.

stellt werden, wo sich ein Lichtpunkt an einer Tiefenskala zeigte, wenn das Echo im Telefon zu hören war. Diese Verfahrensweise erinnert an die Behmsche Ohrlotmethode, die jedoch auf der *Meteor* nicht eingesetzt wurde. Um Störgeräusche zu unterdrücken, wurde beim Atlaslot ein Röhrenverstärker eingesetzt. Damit hatte die Elektronik zusätzlich zu Feinmechanik und Elektrik in die Echolotkonstruktion Einzug gehalten.

In der Bewertung des Kapitän Spieß schnitten die Behmlote im Vergleich zu den Tiefseeloten der Konkurrenten schlechter ab [58, S. 75]:

> Während die Ablesegenauigkeit des Kurzzeitmessers größer ist, als es die Praxis erfordert, wurden unsere praktischen Lotergebnisse durch Wind und Seegang und die dadurch bedingte Unsicherheit des Detonationsortes der abgeschossenen Patrone im Wasser stark beeinträchtigt. Unsere Versuche mit dem Behmlot waren wenig zufriedenstellend. Ein zweiter, auf der Reise eingebauter Apparat, Type IIa, hat etwas günstigere Ergebnisse gezeigt und Lotungen bis zu 120 Meter erreicht, jedoch war auch hier der Genauigkeitsgrad ungenügend.

Diese ungünstige Bewertung[54] führte Behm auch auf die Auseinandersetzungen mit dem Expeditionsleiter Merz und Kapitän Spieß im Vorfeld der Expedition zurück. Während das Fathometer von den Fachleuten der Atlas-Werke eingebaut worden war, hatte die Marine

---

[54]Die von Spieß monierte Ungenauigkeit des Detonationsorts dürfte gegenüber des Fehlers der Schiffsortsbestimmung und den Fehlern der Echozeitmessung minimal gewesen sein.

den Einbau des Behm-Lotes in eigener Regie vorgenommen, was Behm vielleicht nicht zu Unrecht als weitere Benachteiligung empfand. Behm erfuhr durch ein Versehen die bemerkenswerte Begründung der Marine[66, S. 81]:

> Wenn das Behm-Lot von Seiten des durch die Marine drei Monate ausgebildeten Personals nicht an Bord auseinandergenommen und wieder zusammengesetzt werden kann, so muss ihm jede Bordbrauchbarkeit abgesprochen werden.

Daraufhin fragte der impulsive Behm süffisant an, „ob das von ihr [der Marine, Verf.] ausgebildete Personal auch die Chronometer an Bord auseinandernehme und wieder zusammensetze ...". Das hat natürlich nicht zur Verbesserung des Verhältnisses mit der Marine geführt. Die Beziehungen des Kieler Echoloterfinders zur Marine hatten im Zusammenhang mit der Deutschen Atlantischen Expedition so gelitten, dass Behm mit „fliegenden Fahnen zur Deutschen Seewarte überging", die seit Kriegsende nicht mehr der Marine, sondern dem Reichsverkehrsministerium unterstand. Allerdings wusste Behm nicht, dass Seewarte und Marine ein Verhältnis wie „Hund und Katze" hatten und er sich zwischen die Stühle gesetzt hatte[66, S. 82].

Immerhin wurden in Zusammenarbeit mit der Seewarte weitere Versuche mit dem Behmlot auf dem Schiff *Westphalia* der Hamburg-Amerika-Linie auf der Fahrt von Hamburg nach New York und zurück in der Zeit vom 19.2. bis 23.3.1925 durchgeführt [53]. Die *West-*

phalia hatte, anders als die zwischenzeitlich abgewrackte *Hansa*, einen Rumpf mit senkrechten Schiffswänden, so dass der Echoschall das Empfängermikrofon nicht ausreichend erregen konnte. Der direkte Schall von den nun eingesetzten stärkeren Patronen störte die Messungen. Der von Behm konstruierte verzögerte Messbeginn, die so genannte Abschaltung, funktionierte nicht immer einwandfrei, war aber grundsätzlich brauchbar. Die Behmlot-Mikrofone erwiesen sich bei der Registrierung des Echos als leistungsschwächer im Vergleich zu den Mikrofonen der Atlas-Werke und der Signal Gesellschaft. Während sich die fotografisch registrierende Zeitmessung bewährt hatte, zeigten sich auf dieser Fahrt technische Mängel des Echoempfangs.

Im April 1926 sollte auf der Fahrt des französischen Luxusliners *Paris* von New York nach Le Havre mit dem gerade erworbenen Behmlot ein Lotprofil des Atlantiks aufgenommen werden. Ein Techniker der Behm-Echolotfabrik, hatte schon vor der Hinfahrt in Le Havre die Echolotanlage installiert. Die restlichen Arbeiten wurden, unterstützt vom Geschäftsführer der Echolot-Gesellschaft, Wilhelm Dransfeld, auf der Fahrt nach New York durchgeführt. Eine besondere Herausforderung war dabei die Montage der Echomikrofone tief unten im Schiffsrumpf.

Gelotet wurde nachts bei voller Fahrt mit 21 Knoten. Die geringeren Tiefen wurden mit dem direkt anzeigenden Behmlot, die großen Tiefen mit dem Ohrlot ermittelt. Zwei Herren, im Auftrag der Deutschen Marine an Bord, konnten wegen ihrer Seekrankheit die Echos nicht hören. In ihrem negativen Bericht erwähnten sie ihre Seekrankheit nicht. Der impulsive Behm reagierte heftig; die ohnehin nicht einfache Beziehung zur Marine wurde noch weiter belastet[12].

Das Lotprofil konnte auf der Rückreise von New York nach Le Havre erstellt werden. Mit dem Behmlot konnte auch das Überfahren der schmalen Jones-Bank mit 77 m Tiefe festgestellt werden. Dadurch konnte der Schiffsort sehr genau bestimmt werden. Der Kapitän vermerkte im Abnahmebericht des Behm-Lotes: «le banc Jones a été trouvé facilement par Behm»[18]. Damit hatte Behm noch während der Deutschen Atlantische Expedition nachgewiesen, dass mit seinen Loten Atlantikprofile aufgenommen werden konnten.

Eine andere Tiefseelotung erregte Aufsehen. Der leichte Kreuzer *Emden*, der mitten im Atlantik die *Meteor* getroffen hatte, lotete am 29. April 1927 auf der Fahrt von der indonesischen Stadt Makassar nach Nagasaki südlich des Planettiefs die bis dahin größte Meerestiefe mit 10.297 m[55]. Diese große Tiefe konnte nicht mit dem Echolotapparat nach Fessenden gemessen werden; es wurde das Behmsche Ohrlot eingesetzt, bei dem die Echozeit mit der Stoppuhr ermittelt wurde. Eine sorgfältige Bestimmung der Messfehler ergab eine hinreichende Genauigkeit. Das war die bis 1945 größte gemessene Meerestiefe und gleichzeitig die beste Werbung für das Behmlot und eine Genugtuung für die Enttäuschung durch die Deutsche Atlantische Expedition. Die Messung des Emden-Tiefs wurde durch eine niederländische Expedition im Jahre 1930 weitgehend bestätigt[41].

---

[55]Bericht von der Weltreise des leichten Kreuzers *Emden*, BArch RM 92/5082.

Der Physiker Willy Kunze, Schüler von Max Wien, hatte im Bereich Schalltechnik der Atlas-Werke Bremen eine bedeutende Position. Unter anderem gehörte auch die Echolotung zu seinem Bereich. So traten die Akustiker Kunze und Behm in unmittelbare Konkurrenz. Behm, an dem sein Misserfolg im Wettbewerb mit den Atlasloten noch nagte, ärgerte sich besonders über eine Publikation Kunzes aus dem Jahre 1927, in der er Behms Leistung als Erfinder in Frage stellte sowie seine Konzepte wenig freundlich einstufte [56][33]. Kunze blieb bei seiner kritischen Bewertung der Leistung Behms und erkannte dessen Erfinderruhm nicht an.

Auswertung der Echolotungen

Die Deutsche Atlantische Expedition hatte Tausende von Echolotungen erbracht und nachgewiesen, dass das Echolot für die Kartierung der Wassertiefen unverzichtbar ist.

Allerdings misst das Echolot nicht die Tiefe, sondern nur die Echozeit, aus der die Wassertiefe durch Multiplikation mit der halben Schallgeschwindigkeit errechnet wird. Bei direkt die Tiefe anzeigenden Echoloten, wird die Skala mit einer bestimmten Schallgeschwindigkeit umgerechnet. Das ist kühn, denn die Schallgeschwindigkeit hängt von Druck, Temperatur und Salzgehalt ab[57] und ist also nicht über die gesamte Laufstrecke des

---

[56]Erbost versah der Kieler Echolotfabrikant den Sonderdruck Kunzes mit mit den Zeilen „Du sollst nicht schlecht reden über deine Konkurrenz: Ist sie es, so hast du es nicht nötig. Ist sie es nicht, so könnte man glauben, *du* hättest es nötig."

[57]Sogar auch noch von den im Wasser gelösten Gasen[2, S. 46].

Schalls konstant. Sie variiert vom 1435 bis 1548 Metern pro Sekunde in den verschiedenen Meeresgebieten und Tiefen.

Die Kenntnis der Schallgeschwindigkeiten in Abhängigkeit von der Wassertiefe fehlt im Allgemeinen. Auch vor Ort kann die geeignet gemittelte Schallgeschwindigkeit nicht exakt bestimmt werden. Diese Problematik war den Physikern natürlich schon vor Beginn der Expedition bekannt; man behalf sich mit Fehlerabschätzungen[54].

Selbst bei korrekter Mittelung der Schallgeschwindigkeiten ergibt die Multiplikation mit der halben Echozeit nur einen *Echoabstand*, der bei geneigtem oder unebenem Grund nicht mit der Wassertiefe unter dem Schiff übereinstimmen muss. Der Echoabstand ergibt sich aus dem kürzesten Schallweg vom Schallsender zur *Echostelle*[58]. Die Echostelle liegt dann nicht immer lotrecht unter dem Schallgeber(Siehe auch Abbildung 6 auf Seite 57). Auf jeden Fall kann die Stelle direkt unter dem Schiff nicht flacher sein, als es das Echolot angibt – gut für die Schiffssicherheit.

Bei der Erstellung von Tiefenkarten kommen die Fehler bei der Bestimmung der Schiffposition noch dazu. Die Ermittlung der „wahren Tiefe" aus der Echozeit wurde vor und nach Abschluss der Deutschen Atlantischen Expedition von Wasserschallexperten und Nautikern intensiv diskutiert. Verschiedene Verfahren der Tiefenbestimmung aus Echolotungen wurden vorgeschlagen und

---

[58]Der Reflexionspunkt, der die kürzeste Echozeit liefert.

Gegenstand internationaler Übereinkommen [38, 39, 55].

Tiefseelote für kleinere Expeditionen

Signal Gesellschaft und Atlas-Werke hatten den Wettbewerb um die Ausrüstung der großen Atlantischen Expedition für sich entschieden. Jedoch war Behm damit erfolgreich, weniger groß angelegte Expeditionen mit Tiefsee-Echoloten auszurüsten, die leicht zu transportieren waren und flexibel eingesetzt werden konnten. Die längeren Echozeiten konnten mit der Stoppuhr hinreichend genau gemessen werden, so dass das Anzeigegerät mit Kurzzeitmesser entfallen konnte. Die Sprengpatrone war ausreichend und vom Gewicht her anderen Schallgebern überlegen.

Die Ohrlotmethode bewährte sich bei verschiedenen Expeditionen. Vorteil der entsprechenden Apparatur war ihr geringes Gewicht[59]. Der Polarforscher Roald Amundsen nahm 1925 auf seinem berühmten Flug mit zwei Flugbooten des Typs Dornier-Wal ein eigens für ihn konstruiertes und von Behm kostenlos überlassenes Ohrlot (Abbildung 24) mit. Der Pol wurde nicht erreicht; man musste auf dem Eis notlanden. Amundsen lotete am 22. Mai 1925 vom Eis aus in der Nähe des Nordpols die Wassertiefe von 3750 m. Die Lotpatrone wurde ins Wasser gehängt und mit einer Taschenlampenbatterie gezündet. Ein an einem kurzen Kabel ins Wasser gehängtes Mikrofon empfing das Echo, das im Kopfhörer wahrgenommen wurde. Die Echozeit von ca. 5 Sekunden

---

[59]Amundsens Gerät wog mit 100 Sprengpatronen nur 12,5 kg.

Abbildung 24: Ohrlot für Amundsen

wurde mit einer Stoppuhr gemessen. Amundsen war von der einfachen Handhabung und dem geringen Gewicht des Echolots sehr angetan. Der Polarforscher Sir Hubert Wilkins lotete mit einem Behmlot im März 1927 vom arktischen Treibeis aus eine Tiefe von 5625 m, die größte damals bekannte Tiefe in der Arktis[3, S. 126].

Für den Nordpolflug des italienischen Generals Umberto Nobile mit dem Luftschiff *Italia* im Jahre 1928 hatte Behm ein ganz ähnliches Echolot konstruiert, das vom gestoppten Luftschiff aus an einem Kabel auf die Wasseroberfläche herabgelassen und bedient werden konnte. Bei diesem Flug verunglückte Nobile, wurde aber mit einigen Begleitern von einem russischen Eisbrecher gerettet. Amundsen war vorher bei seinem Rettungsversuch umgekommen.

Wer erfand das Echolot?

Die Frage, wer nun der Erfinder des Echolotes war, ist nicht so leicht zu beantworten. Von welchem Zeitpunkt an gilt das Echolot als erfunden? Soll die vielleicht zielführende Idee, das eingereichte und dann auch erteilte Patent oder der funktionierende Apparat die Geburt des Echolotes markieren? Über Prioritätsfragen wird immer wieder mit Hingabe gestritten. Geschäftliche und politische Interessen spielen dabei eine wichtige Rolle. Behm, der sich als der Erfinder des Echolots verstand, wehrte sich entschieden, wenn dies in Frage gestellt wurde, wie auf Seite 87 berichtet.

Der amerikanische Mathematiker Charles Bonnycastle dürfte der erste gewesen sein, der nach Bekanntwerden der Schallgeschwindigkeit im Wasser bereits 1838 einen Echolot-Apparat konstruierte und Echolotungen versuchte. In einem gusseisernen Kasten wurde unter Wasser mit Schießpulver eine Explosion ausgelöst. Das Echo wurde mit einem Blechtrichter aufgenommen und die Echozeit mit einer Genauigkeit von einer sechsigstel Sekunde mit einer eigens konstruierten Uhr gemessen. Echos wurden vernommen, aber die ermittelte Wassertiefe wich von der konventionell geloteten Tiefe so stark ab, dass Bonnycastle die Versuche als gescheitert ansah [13].

Alexander Behm, der sich als der Echoloterfinder verstand, hat den 24. September 1912 als Zeitpunkt seiner Erfindung gesehen. An diesem Tag hatte er seinen ersten Patentantrag in Österreich eingereicht. Das Patent wurde nicht erteilt, wohl aber hatte ein gleichlautender Patentantrag im Deutschen Reich mit Wirkung ab 22.7.1913 Erfolg. Nur, ein Echolot ließ sich auf dieser Basis gar nicht entwickeln. Wenn also der Beginn des Patentschutzes die Prioritätsfrage entscheiden soll, hat der Amerikaner Eells mit seinem Reichspatent von 1907 die Nase vorn.

Wenn ein funktionierender Apparat zum Maßstab wird, erntet Behm den Ruhm der Ersttat. Die erste korrekte Echolotung über dem Schlammgrund der Heikendorfer Bucht notierte die *Otter*-Crew am 10. November 1915. Der Behmsche Echoapparat hatte wenigstens einmal richtig funktioniert. Dieses Datum kann als Geburtsstunde des Echolotes bezeichnet werden. Spätestens 1916 gelangen regelmäßig Echolotungen.

Der französische Physiker Paul Langevin erhielt in Zusammenarbeit mit dem russischen Erfinder Chilowsky im Januar 1917 erste Echos vom Meeresgrund. Im Februar 1917 setzte Langevin Quarzkristalle für den Wasserschallempfang ein. Erst danach nutzte er den piezoelektrischen Quarz auch für die Erzeugung von Wasserschallsignalen hoher Frequenz. Ziel war dabei das Auffinden getauchter U-Boote[43].

Alexander Behm machte sich angreifbar, als er den 24. September 1912 als Geburtsstunde seines Echolots bezeichnete. Den Ruhm, den ersten funktionierenden Echolot-Apparat konstruiert zu haben, beanspruchte er zu Recht.

Weitere Entwicklungen auf dem Gebiet des Wasserschalls

Die Erzeugung eines für die Echolotung brauchbaren Wasserschallimpulses hatte Behm mit Sprengkapseln erreicht, während seine Konkurrenten elektromagnetisch oder piezoelektrisch funktionierende Schallgeber einsetzten. Der Nachteil der Behmschen Schallerzeugung lag darin, dass mit zunehmender Wassertiefe die Sprengladung vergrößert werden musste und für jede Lotung eine Sprengpatrone verbraucht wurde. Lotungen in schneller Folge waren dadurch nicht möglich. Der so erzeugte Schall war ungerichtet, die Schallfronten kugelförmig. Viel Energie wurde für Schallsignale in die falsche Richtung verschwendet und ihr reflektierter Schall war Störschall.

Die elektroakustisch betriebenen Schallgeber kommen ohne Matrialverbrauch aus und können laufend die Schallsignale einer bestimmten Frequenz und Richtung erzeugen. Der große Vorteil dieser Schallgeber ist aber ihre Fähigkeit, den Echoschall wieder in (schwache) elektrische Impulse zurückzuverwandeln, die allerdings für die Registrierung elektronisch verstärkt werden müssen. Somit wird der Schallgeber gleichzeitig Schallempfänger, was schon Langevin genutzt hatte. Die störanfälligen Mikrofone, die Behm verwendete, wurden nicht mehr benötigt. Die Firma Debeg[60] bot Anfang der dreißiger Jahre ein als *Radiolot* bezeichnetes Echolot mit dieser Technik für Tiefen bis 600 m an, das mit einer Ultraschallfrequenz von 37.500 Hertz arbeitete [17, 131].

---

[60]Deutsche Betriebsgesellschaft für drahtlose Telegraphie m.b.H.

Auch das physikalische Prinzip der *Magnetostriktion* lässt sich mit Erfolg für Schallerzeugung und -empfang nutzen. Ein Nickelstab ändert bei Anlegen eines Magnetfeldes seine Länge. Mit einem magnetischen Wechselfeld kann man somit Wasserschall erzeugen. Umgekehrt lösen Schallwellen im Nickelstab sehr schwache elektromagnetische Impulse aus. Bei entsprechnder Verstärkung dieser Impulse wird der Schallgeber gleichzeitig Schallempfänger.

Der Kieler Einzelkämpfer mit seiner Echolotwerkstatt musste allerdings auch feststellen, dass die mit sehr viel mehr Kapital und Ingenieurskapazität ausgestatteten Konkurrenten begannen, ihn technisch zu überholen – das Schicksal vieler kreativer Erfinder. Signal Gesellschaft und Submarine Signal Company, beide in der Konstruktion von Wasserschallsendern erfahren, konnten in kurzer Zeit Echolote für größere Tiefen entwickeln. Die Sprengpatrone als Schallgeber war den elektromagnetischen und ektrodynamischen Schallgebern, die in kurzer Folge Schallsignale abgeben können, in Funktion und Handhabung unterlegen. Die Schwierigkeiten mit den Tiefseelotungen waren nicht überwunden.

Die Behm-Echolotfabrik als Handwerksbetrieb[61] mit dem Schwerpunkt Feinmechanik entwickelte auf elektronischem Gebiet vergleichsweise wenig Kompetenz, während die Industrieunternehmen Atlas-Werke in Bremen und die Electroacustic in Kiel mit ihrer wesentlich besseren Kapital- und Personalausstattung Schallerzeugung und Echoempfang weiter verbesserten. Behm ex-

---

[61]Ausweislich der ersten Ziffer der Reichsbetriebsnummer 1/408/0003 war die Echolotfabrik ein Handwerks- und kein Industriebetrieb.

perimentierte zwar auch mit Röhrenverstärkern[62] und setzte sie auch ein, aber eine ausreichende Ingenieurskapazität war in der Behmschen Fabrik anscheinend nicht vorhanden und wurde auch nicht geschaffen. Die Gründe dieses Versäumnisses könnten auch in der Person des Fabrikinhabers gelegen haben, der seine Alleinstellung als Entwickler verloren hätte. Vielleicht rächte sich jetzt, dass Behm sein verheißungsvoll begonnenes Studium so früh abgebrochen hatte. Die Elektronik mit der Möglichkeit, moderne Schallgeber einzusetzen und schwächste Signale zu verstärken blieben dem Echolot-Pionier fremd, obwohl er führende Wissenschaftler auf dem Gebiet der Schwachstromtechnik, wie Barkhausen schon lange kannte. Schlagsender und Sprengpatrone blieben die Schallgeber der Behmlote, die für die Belange der Schifffahrt ausreichten. Bei einem Einsatz anderer Schallgeber, wären vermutlich auch patent- und lizenzrechtliche Fragen entstanden.

Das Limnolot

Behm suchte für seine Entwicklungen immer neue Einsatzfelder für die Erkundung von Materie unter Einsatz von Schallwellen. Nur ein kleiner Schritt war der Wechsel vom Salzwasser des Meeres zum Süßwasser. Zur Vermessung von Gewässern im Zuge von Expeditionen war ein leichtes, einfach zu bedienendes Echolot erforderlich.

Der Hydrobiologe Reinsch machte den Vorschlag, für die Kartierung des Gewässerbodens von Seen das Behm-

---

[62]Gemäß Eintrag im Laborbuch vom 19.8.1927.

lot einzusetzen[46]. Erste Lotungen im Süßwasser wurden 1927 von Behm mit Unterstützung der Hydrobiologischen Station Plön durchgeführt. Es wurde der neu entwickelte Typ VI eines Echolotes aus Leichtmetall eingesetzt, das auch für kleine Wasserfahrzeuge ohne nennenswerte Abschirmung geeignet war. Behm nutzte die Erscheinung, dass Schall, der sich horizontal, knapp unter der Wasseroberfläche ausbreitet, stark gedämpft wird. Diese Tatsache, die schon Hayes 1919 beobachtete, bezeichnete Behm als „Grenzflächeneffekt" und nutzte ihn zur Abschirmung (Vgl. Seite 101). Dieses, für den Gebrauch auf Seen entwickelte Echolot, bezeichnete Behm als Limnolot[63].

Die Möglichkeit mit dem Limnolot, von der Eisfläche aus Lotungen durchzuführen, erprobte Behm auf der Kieler Förde. Er schlug ein Loch ins Eis und versenkte darin die Mikrofone. Den Schallimpuls löste er mit Hammerschlägen auf das Eis aus, wobei das Eis als schwingende Membran wirkte[34, S. 4].

Früchte des Erfolgs

In den Jahren 1919 bis 1923 war die berufliche Belastung Behms so hoch, dass er in dieser Zeit auf das Angeln fast ganz verzichten musste. Mit der Pachtung des nördlich von Rendsburg gelegenen Owschlager Sees im Sommer 1924 begann Behm, seinem Privatleben wieder mehr Raum zu geben. Im Jahr darauf pachtete er das Fischereirecht für den nördlich von Schleswig gele-

---

[63] Aus dem griechischen limne ($\lambda\iota\mu\nu\eta$) für „See" gebildeter Name.

Abbildung 25: Behm mit Limnolot

genen Havetofter See. In diesen Gewässern fischte Behm mit seinen Behmblinkern vor allem Hechte.

Die Treene als Laichgewässer für Lachs und Meerforelle hatte es dem begeisterten Angler besonders angetan. Sie wurde sein bevorzugtes Fischwasser. Behm entschloss sich, in der Nähe der Gemeinde Tarp eine Jagd- und Fischerhütte am Treeneufer zu errichten. Aus der geplanten einfachen Bretterhütte wurde mit Hilfe des Kieler Architekten Stoffers ein vergleichsweise luxuriöses reetgedecktes Haus. Seine Planung beschreibt der Bauherr recht treffend[11]:

> Häuserbauen ist schon schwer, Hüttenbauen noch viel schwieriger, denn erstens soll die Sache billig werden, zweitens soll das ganze originell sein, drittens muß die Hütte einen gewissen Komfort bieten, andererseits soll sie aber auch wieder in gewisser Weise primitiv sein.

Am 28. August 1926 wurde Richtfest des eigenwilligen achteckigen Baues gefeiert. Die komfortable Einrichtung unterstrich den Wohlstand der Behms. Ein großer Kachelofen, Holztäfelung, Kronleuchter und aufwändige künstlerische Wandbemalung schufen eine besondere Atmosphäre.

Vom 14. bis zum 27. Mai 1927 fand die bedeutende *Fischereiwirtschaftliche Ausstellung* in Kiel statt. Eine Vielzahl von Ausstellern im Bereich der maritimen Technik präsentierten ihre Produkte in der Nordostseehalle[64]. Behm zeigte auf seinem Stand diverses Angelgerät aus eigener Fabrikation sowie ein Modell seiner Fi-

---

[64] Die 170 m lange Messehalle wurde im Zweiten Weltkrieg zerstört.

scherhütte. Natürlich stellte er auch seine Echolote aus, die für die Fischerei von zunehmender Bedeutung waren. Behm wurde für seine Präsentation mit der Silbernen Medaille des Central-Fischerei-Vereins und mit dem Ehrenpreis des Deutschen Anglerbundes ausgezeichnet. Damals dürfte bereits ein erster Kontakt Behms mit dem Norddeutschen Anglerverein aus Kiel zustande gekommen sein, der wie Behm vom Central-Verein ebenfalls mit der silbernen Medaille ausgezeichnet wurde, und dessen Mitglied er 1935 wurde.

Über die Entstehung des Echolotes berichtete sein Erfinder ausführlich auf der Tagung der *Gesellschaft Deutscher Naturforscher und Ärzte (GDNÄ)* in Kiel, die am 22. September 1928 stattfand. Die ehrwürdige, 1822 gegründete GDNÄ bietet in ihren Jahrestagungen Spitzenforschern ein Forum für den wissenschaftlichen Austausch. Dort einen Vortrag halten zu können, war eine große Ehre. Die Zeitschrift *Die Naturwissenschaften* publizierte den Vortrag; er erschien auch später noch einmal in der Zeitschrift *Feinmechanik und Präzision*. Behm bedachte Freunde und Bekannte mit Sonderdrucken. Sie erfuhren auf diese Weise, wie das sensationelle Messgerät entstanden war.

Anfang November 1928 nahm Behm an einer Fahrt des Versuchsschiff *Grille*[65] der Deutschen Kriegsmarine ins Skagerrak teil. An Bord waren Fachleute des Wasserschallwesens wie z. B. Bernhard Settegast von der Firma Electroacustic. Zur Bereicherung des Speiseplans hatte Behm vorher im Owschlager See noch vier Hechte gefangen. Die Versuche gaben Hinweise zur Brauchbarkeit des

---

[65] Das Schiff wurde später in *Welle* umgetauft, weil die Yacht Hitlers den Namen „Grille" bekommen sollte.

Echolotes für das Aufspüren von Fischschwärmen und führten zu dem Patent „*Verfahren zur Feststellung von Fischschwärmen und von zum Fischen besonders geeigneten Wasserstellen*", das mit Wirkung vom 18.12.1928 erteilt wurde. Damit hatte der Erfinder ein neues Anwendungsgebiet des Echolotes als sogenannte Fischlupe erschlossen, die für die Fischerei von großer Bedeutung wurde. Verwirklicht wurden die Fischlupen durch Entwicklungen anderer Wasserschallspezialisten nach 1945.

Das Jahr 1928 brachte für Behm eine besondere Ehrung, auf die er zeitlebens sehr stolz war: Aus Alexander Behm wurde Dr. Alexander Behm, denn die Medizinische Fakultät der Christian-Albrechts-Universität zu Kiel verlieh am 25. November 1928 dem Erfinder den Doktor honoris causa der Medizin.

Die Verleihung erfolgte in Gegenwart des Reichs-Kultusministers anlässlich der Einweihung der neuen medizinischen Klinik der Universität, die nach über dreijähriger Bauzeit aus dem ehemaligen Marinelazarett an der Feldstraße entstanden war. Zusammen mit Behm wurden vier Persönlichkeiten in dieser Form ausgezeichnet, alle der Medizin erkennbar mehr verbunden als der Physiker.

Ob die Ehrung des damals berühmten Echolot-Erfinders einfach fällig war, oder doch auch die Bedeutung der Schallstärkenmessung mit dem Sonometer für die Ohrenheilkunde eine Rolle spielte, ist nicht bekannt. Die Urkunde über die Verleihung der Ehrendoktorwürde enthält nur einen sehr allgemeinen Bezug zur Medizin und stellt auf eine dem ärztlichen Ethos ähnliche Motivation des Geehrten ab:

..., welcher vergleichbar dem großen Arzt, in dem das heilige Feuer des Forschergeistes durch verheerende Seuchen entfacht wird und lodert bis er das rettende Heilmittel findet, so – durch den erschütternden Untergang der „Titanic" von Schöpfergeist erfüllt – Abwehr solchen Unheils ersann und in seinem Echolot ein Präzisionsinstrument schuf, das nicht nur die dem Meere anvertrauten Leben bewahren hilft, sondern auch dazu berufen ist, den erdumspannenden Verkehrsmitteln der Lüfte mehr und mehr Sicherheit zu geben.

Dabei hatten die Verdienste des Laureaten durchaus Bezüge zur Medizin. Die Bedeutung der Schallstärkenmessung mit dem Sonometer wurde von den Ohrenheilkundlern schon früh erkannt. Behm hielt bereits 1906 einen Vortrag mit dem Thema „Über Schallmessung und Akustotechnik" in der *Deutschen otologischen Gesellschaft*. Unter den Gratulanten anlässlich der Verleihung der Ehrendoktorwürde war auch der Erlanger Ohrenheilkundler Arno Scheibe, der bedauerte, dass diese Ehrung nicht schon früher durch ein Polytechnikum oder eine technische Fakultät erfolgt war. Möglicherweise unbewusst hatte die Kieler Medizinische Fakultät einen Pionier der Schalltechnik geehrt, die später mit der Sonografie in der Medizin eine große Bedeutung erlangen sollte. Immerhin bewies die Fakultät mit dieser Ehrung Mut, denn die Verleihung der Ehrendoktorwürde durch die Technische Hochschule Dresden war trotz der Bemühungen von Ewald Sachsenberg[66], Professor an der

---

[66]Schreiben von Ewald Sachsenberg vom 27.11.1928.

Technischen Hochschule Dresden, nicht zu Stande gekommen.

Die Ehrenpromotion durch die Kieler Universität war ein Höhepunkt im Leben Behms. Für den Geehrten, der ja keinen akademischen Abschluss besaß, war diese Auszeichnung ein Ritterschlag, der ihn auf Augenhöhe mit anderen Wissenschaftlern brachte. Er führte den Doktortitel mit Stolz und bestand auf entsprechender Anrede, wie es in seiner Zeit selbstverständlich war. Sicherlich war der Doktortitel auch von wirtschaftlichem Wert für den Inhaber der Echolotfabrik.

Die Ehrenpromotion Behms wurde von der überregionalen Presse zum Anlass genommen, an den Werdegang und die Verdienste des damals berühmten Echolot-Erfinders zu erinnern. Natürlich sammelte wieder ein Zeitungausschnittdienst die Pressemeldungen. Unter den zahlreichen Gratulanten war auch Schleiermacher, der an die Besonderheiten der Immatrikulation des jungen Mannes ohne Abitur in Karlsruhe erinnerte.

Behmlote im Einsatz

Die Echolote aus der Kieler Echolotfabrik erwiesen sich als wertvolle Hilfsmittel für die Schifffahrt. Im Jahr 1929 wurde der erste Fischdampfer, die *Dr. Reimer* mit dem Behm-Lot ausgerüstet. Als Schallgeber wurden sowohl ein handbetriebener Schlagsender als auch Sprengpatronen eingesetzt. Es konnte alle drei Sekunden gelotet werden. Mit dem Schlagsender wurden Tiefen bis 330 m, mit Sprengpatronen bis 850 m gemessen. Das Echolot erwies sich in mehrfacher Hinsicht als besonders wertvoll für die Navigation und das Fischen selbst. Vor allem bei schlechter Sicht und in der Nacht erleichterte die Kenntnis der Wassertiefe das Aufsuchen und die gezielte Befischung der Fischgründe. Kapitän Kramer war überzeugt, dass sich das Echolot schnell bezahlt machen würde[32].

Der Unternehmer Behm konnte auch die Verwendung seiner Echolote auf der schwedischen Sandström-Expedition als Erfolg verbuchen. Das Ziel der Expedition im Jahre 1929 war die Erforschung der Wechselwirkung von Golfstrom und polarem Treibeis in Hinblick auf die Folgen für das Klima. Im Rahmen der umfangreichen Untersuchungen wurden auch Lotungen durchgeführt. Verwendet wurde das neu entwickelte Limnolot (Behmlot Type VII) mit Schlagsender für Tiefen bis ca. 400 m. Für größere Tiefen wurden Sprengkapseln eingesetzt. Das Echo konnte elektronisch verstärkt werden. Mit der Ohrlot-Methode ließen sich auch die ganz großen Tiefen messen. Auf diese Weise wurde eine bis dahin unbekannte Tiefseerinne entlang des Shelfs Ostgrönlands entdeckt[15].

Der erfolgreiche Echolotentwickler Bernhard Settegast, seit 1927 Prokurist der Electroacustic GmbH, gründete 1930 zusammen mit ihrem Gesellschafter Gerhard Schmidt die Tochterfirma *Echometer GmbH* mit Sitz in Kiel. Unternehmenszweck war „Herstellung und der Vertrieb von Apparaten für navigatorische Zwecke, sowie Apparaten und Einrichtungen auf aeronautischen und verwandten Gebieten[67]." Damit fand die 1924 in

---

[67] Eintragung Handelsregister B. 704 vom 10.10.1930.

der Signal Gesellschaft begonnene Echolotentwicklung eine Fortsetzung. Es entstand in Kiel eine leistungsfähige Konkurrenz für die Behmsche Echolotfabrik. Ein Echometer-Anzeigegerät mit angeschlossener Registriereinrichtung wird [62, S. 437f] beschrieben. Die Echometer GmbH wurde 1937 per Gesetz[68] in eine Kommanditgesellschaft umgewandelt und als Organgesellschaft Teil der Electroacustic GmbH.

Der 50. Geburtstag des Echolot-Erfinders am 11. November 1930 wurde von der Presse zum Anlass genommen, die Erfolge des berühmten Jubilars zu würdigen. Zahlreiche Glückwünsche und Gratulationen trafen ein. Nach dem Ausscheiden des Geschäftsführers Wilhelm Dransfeld im Jahre 1931, führte Behm die Geschäfte der Behm-Echolot Gesellschaft bis zu ihrer Löschung 1934 alleine. Die Behm-Echolot-Fabrik zog von der Holtenauer Straße 181 auf die andere Straßenseite in die Nummer 198 um.

Unternehmenszweck der Behm-Echolot GmbH war der Vertrieb der Echolote und anderer physikalischer Instrumente. Dazu gehörte auch die Werbung durch Prospekte und die Beschickung von Ausstellungen. Im Gegensatz zu den anderen Anbietern akustischer Lote, wurde nicht in der vierzehntäglich erscheinenden Schiffahrtszeitschrift *Hansa* geworben. Der Vizepräsident Weisshun der Industrie und Handelskammer zu Kiel erwähnte 1934 unter der Überschrift „Die Akustik in der technischen Navigation" nur die Kieler Firmen Electroacustic und ihre Tochterfirma Echometer, jedoch mit keinem Wort die Behmsche Fabrik[70, S. 383], mögli-

---

[68]Gesetz über die Umwandlung von Kapitalgesellschaften vom 5.7.1934. RGBl. I S. 569.

cherweise Ausdruck einer Geringschätzung des Handwerksbetriebs, der nicht IHK-Mitglied war.

Alexander Behm nahm sich zunehmend Zeit für das Angeln und Jagen. Der Behmblinker wurde patentiert und gemeinsam mit anderen Angelgeräten in der Echolotfabrik hergestellt. Behm hielt Vorträge über seine Angelmethoden und engagierte sich als Gausportwart im Reichsverband Deutscher Sportfischer. Besonders stolz war der passionierte Angler auf die Ernennung zum Ehrenmitglied des Angel-Sportvereins Parchim anlässlich seiner Ehrenpromotion. Im Jahre 1934 wurde er Mitglied des Norddeutschen Anglervereins aus Kiel, den er sehr wahrscheinlich schon von der Kieler Fischereiwirtschaftlichen Ausstellung her kannte.

Die Entwicklung der Echolote kam mit zwei Patenten für einen verbesserten Schlagsender und für den Knallsender zum Abschluss. Insgesamt schützten über 50 Reichspatente die Echolotentwicklung in Deutschland. Dazu kamen Patente in den USA, Japan und im europäischen Ausland, so dass über 100 Patente erteilt wurden, die fünf Patente für künstliche Fischköder mitgerechnet.

Der Inhaber der Echolotfabrik war der einzige Entwickler des Unternehmens. In wieweit Ideen seiner Mitarbeiter zu den Erfindungen beigetragen haben, ist ungeklärt. Über die Gründe, warum der gut 50-jährige Chef der Echolotfabrik keine Ingenieure für Elektrotechnik und Elektronik einstellte, ist nichts bekannt. Expertise von außen hätte allerdings die Alleinstellung des Firmeninhabers im Technikbereich beendet.

Sicher ist, dass in den Atlas-Werken und in der Echometer GmbH die Echolotentwicklung dank der dort vorhandenen Ingenieurskapazität voran getrieben wurde, während die Echolotfabrik ein Handwerksbetrieb mit dem Schwerpunkt Feinmechanik blieb, der auch nur Feinmechaniker ausbildete. Behms Konkurrenten nutzten andere Verfahren für die Erzeugung von Wasserschall als Behm, der am Knallsender festhielt. Mit Hilfe von elektroakustischen Wandlern, so genannten Schwingern, die auf dem piezoelektrischen oder auf dem magnetostriktiven Effekt beruhten, konnten mehrere Ultraschallimpulse pro Sekunde erzeugt werden. Diese Techniken erschlossen weitere Anwendungen der Echolottechnik. Die Verwirklichung der 1928 patentierten Idee, Fischschwärme mit Hilfe des Wasserschalls zu orten, war mit Schlag- und Knallsendern nicht möglich.

Der Inhaber der Echolotfabrik konnte sich auf seine Belegschaft verlassen. Der Respekt einflößende und einfordernde Chef verlangte viel von seinen Mitarbeitern. Wenn die Zeit drängte, erwartete er, dass sie auch spät abends im Betrieb blieben. Der Ausspruch „Wer nicht am Strang mitziehen will, der muss ausspannen" war gelegentlich zu hören. Er verfehlte nicht seine Wirkung[60, S. 16].

Der Unternehmer Behm war wirtschaftlich erfolgreich. Man konnte sich einen gewissen Luxus leisten. Der private Konsum blieb jedoch in einem vernünftigen Rahmen. Die Mietwohnung in der Nähe der Echolotfabrik[69] wurde mit repräsentativen Möbeln, einschließlich eines Flügels ausgestattet. An den Wänden hingen Bilder sei-

---

[69] Hardenbergstraße 31.

ner als Malerin bekannten Schwägerin Valeska Glamann. Hier konnte der Fabrikbesitzer auch hochgestellte Gäste empfangen. Ein Auto der Nobelmarke Horch mit Fahrer stand auch für Fahrten zu den Angelgewässern und den Jagden zur Verfügung.

Der 24. September 1937 war nach Behms Ansicht auf den Tag genau das 25-jährige Behm-Echolot-Jubiläum, denn am 24.9.1912 hatte Behm seinen ersten Patentantrag für ein Echolot beim österreichischen Patentamt eingereicht. Dieser Tag fand in Rundfunk und Presse lebhafte Beachtung. In vielen Blättern wurden der Werdegang Behms dargestellt und seine Erfindungen gewürdigt. Vorausschauend hatte der in der Öffentlichkeitsarbeit versierte Erfinder Zeitungausschnittsdienste beauftragt, das Presseecho dieses Jubiläums zu erfassen. Der stolze Jubilar verschickte eigens bestellte Sonderdrucke der Presseartikel an Freunde und Bekannte. Viele Gratulanten sandten ihre Glückwünsche und nutzten die Gelegenheit, an vergangene Zeiten zu erinnern. Darunter Constantin v. Moltke, der Begründer der Kieler Berufsfeuerwehr, der Behm endlich von der Jagdhütte ins Krankenhaus gebracht hatte und Ernst Sellin, der als Theologe und Religionslehrer Behm noch aus Parchim kannte und 1920/21 Rektor der Kieler Universität war.

In den dreißiger Jahren war man technisch so weit, dass man die alte Idee des Schnüffeltorpedos realisieren konnte, der jetzt als akustischer Eigenlenktorpedo bezeichnet wurde. Ab 1930 gab es in der Marine entsprechende Überlegungen. 1935 begann die Auftragsvergabe für Ultraschallempfänger an die Atlas-Werke

Bremen sowie Verstärker an die Electroacustic Kiel und AEG Berlin. In der Eckernförder Bucht führte die Torpedoversuchsanstalt die Erprobung von Prototypen zielsuchender Torpedos durch. Der erste erfolgreiche Torpedoschuss mit akustischer Eigenlenkung gelang 1939[47, S. 136ff]. Nach Überwindung großer technischer Schwierigkeiten kam 1943 der akustische Eigenlenktorpedo *Zaunkönig* zum Kriegseinsatz. Für seine Herstellung wurde auch die Behm-Echolot-Fabrik in der Produktion eingesetzt.

Während des Krieges erfüllte die Echolotfabrik Unteraufträge der Rüstungsindustrie[28]. Die Fertigung erfolgte unter Geheimhaltung; die Werkstücke trugen nur Codenummern. In der Behm-Echolotfabrik wurden während des Krieges auch dienstverpflichtete Frauen an Montagebändern eingesetzt[70]. Ein weiteres Projekt der Rüstungsproduktion war die Entwicklung und Herstellung von Geräten zur Messung von Geschossgeschwindigkeiten. Drei Kollegen wurden zu ihrer Betreuung nach Kummersdorf bei Berlin abgeordnet[56].

Behms 60. Geburtstag fand noch einmal besondere Beachtung. Zahlreiche Glückwünsche erreichten den Jubilar, darunter die vom Oberbefehlshaber der Kriegsmarine Raeder und vom Oberbürgermeister der Stadt Kiel. In der Presse wurde an sein Lebenswerk erinnert. Es sollte der letzte vielbeachtete „runde Geburtstag" sein. Trotz des Krieges herrschte Optimismus. Doch bald eskalierte der Bombenkrieg und Kiel wurde zunehmend bombardiert. Auch das Wohnhaus der Behms wurde von einer Bombe getroffen. Die

---

[70]Persönliche Mitteilung Frau Dr. Peetz.

Schäden hielten sich zwar in Grenzen, aber die Eheleute verlegten ihren Lebensmittelpunkt mehr und mehr in die Fischerhütte nach Tarp. Erna Sasse erhielt im Juni 1943 Prokura. Sie leitete zusammen mit Alfred Köster die Echolotfabrik in der Holtenauer Straße. Dem Fabrikinhaber ging es gesundheitlich schlecht. Vermutlich als Folge der Zuckerkrankheit musste 1944 der linke Unterschenkel amputiert werden. Behm erhielt eine Unterschenkelprothese[66, S. 122][24]. Das rechte Bein war nach dem Jagdunfall Anfang der zwanziger Jahre steif geblieben. Die Behms zogen endgültig nach Tarp in die Fischerhütte am Treeneufer.

Wieder einmal: Kriegsende

Nach dem Krieg lag Kiel in Trümmern. Für die Betriebe der Rüstungsindustrie und ihre Mitarbeiter ging es ums Überleben. Die Electroacustic GmbH sollte demontiert werden; der größte Teil der Produktionsanlagen wurde abtransportiert. Die Sprengung von Frabrikgebäuden konnte nur dadurch verhindert werden, dass sie der Universität Kiel zur Nutzung überlassen wurden. Man behalf sich notdürftig mit der Produktion für den zivilen Bedarf. Mit knapp 250 Mitarbeitern von chemals 5000 wurden Nähmaschinen und Autozubehör gefertigt. Wegen des Verbots, auf dem Gebiet des Wasserschalls zu arbeiten, war die Produktion von Echoloten nicht mehr möglich.

Die Behm-Echolot-Fabrik stand auch auf der Demontageliste und war nach Jahren feinmechanischer Fertigung als Zulieferer der Rüstungsindustrie nicht mehr in der Lage, konkurrenzfähige Echolote zu produzieren. Von einem Tag auf den anderen musste auf zivile Produktion umgestellt werden. Mit dem reichlich noch vorhandenen Material wurde nun alles Mögliche hergestellt: Haushaltsgeräte, Feuerzeuge, Bäckerwaagen usw. Trotzdem drohte 1947 der Echolotfabrik mit nur noch 24 Beschäftigten die Demontage, die jedoch abgewendet werden konnte.

Die Versorgungslage war in den ersten Nachkriegsjahren extrem schlecht. Obwohl sich der Inhaber der Echolotfabrik aus der Leitung seines Unternehmens in seine Fischerhütte zurückgezogen hatte, hielt er Kontakt zu seinen „Behmern", die nach und nach aus dem Kriegseinsatz zurückkehrten. Eines Tages traf auf dem Kieler Hauptbahnhof ein schwerer Koffer aus Tarp ein. Zur Überraschung und Freude der Belegschaft enthielt er vom Chef geschossene Kaninchen, die natürlich gern verwertet wurden.

In der Echolotfabrik wurde versucht, die Echolotproduktion wieder aufzunehmen. Dazu fehlte jedoch Material und auch aktueller Wissensstand. Der Elektroingenieur Johannes Schmidt, der als Marineoberbaurat während des Krieges auch Aufträge zur Torpedofertigung an die Behm-Echolot-Fabrik gegeben hatte, bot Behm den Entwurf eines modernen Echolotes zur Auffindung von Fischschwärmen, eine sogenannte Fischlupe, an, die dann auch in der Echolotfabrik gefertigt wurde[71].

Wie Behm war auch der im dänischen Jels geborene

---

[71] Persönliche Mitteilung des Sohnes Karsten Schmidt und [56].

Schmidt Schüler des Johanneums in Hadersleben gewesen und hatte nach dem Abitur Elektrotechnik an der Technischen Hochschule in Karlsruhe studiert, anders als Behm mit erfolgreichem Abschluss. So gab es einige Parallelen in den Lebensläufen, sicherlich eine gute Grundlage der Zusammenarbeit. Damit war ein erster Zufluss an aktuellem Wissen auf elektrotechnischem und elektronischem Gebiet in die Echolotfabrik gegeben, die in der Kriegsproduktion nur noch in der feinmechanischen Fertigung aktiv gewesen war. Schmidt kam 1946 bei einem Verkehrsunfall ums Leben, hatte jedoch schon den Kontakt zu dem Physiker Siegfried Fahrentholz (sen.) hergestellt, der bei der ELAC bis 1945 in leitender Funktion in der Echolotentwicklung und -fertigung beschäftigt war.

Im Zuge des Wiederaufbaues erhielt die Behm-Echolotfabrik von der Wasserstraßenverwaltung Aufträge zur Herstellung und Lieferung von Echoloten, die für die Räumung der Schifffahrtswege von Wracks, zerstörten Brücken und anderen Kriegstrümmern sowie für die Vermessung von Wasserstraßen gebraucht wurden. Mit diesem Auftrag war die Echolotfabrik überfordert, weil dafür geeignete Echolote gar nicht angeboten werden konnten. Fahrentholz wurde Retter in der Not. Im Mai 1947 schlossen die *Behm-Echolot-Fabrik* und Fahrentholz einen Lizenzvertrag für den Bau von Echoloten nach den Plänen von Fahrentholz, der am Verkaufserlös beteiligt wurde. In der Behmschen Fabrik wurden nun Echolote mit der damals zeitgemäßen Echolottechnik und Elektronik gefertigt. Anstelle von Knallkörpern als Sender und Mikrofonen als Empfänger wurden magnetostriktive Schwinger zum Senden der Ultraschallimpulse und Empfang des Echos eingesetzt. Der Echoschall wurde elektronisch verstärkt und die Angabe der Wassertiefe erfolgte auf Braunschen Röhren, wie sie in Oszillografen verwendet werden. Die von der Behm-Echolot-Fabrik gebauten Geräte erhielten unter dem Ablesefenster den Zusatz „System Dr. Fahrentholz", später wurden sie einfach als Fahrentholz-Echolote und Fahrentholz-Echographen bezeichnet. Herstellung und Vertrieb übernahm die Behm-Echolot Fabrik.

Im Jahre 1949 entwickelte Fahrentholz Echographen für Fischerei und Vermessung, die die Lotungen auf elektrosensitivem Papier aufzeichneten. Die Echolotfabrik wurde zur verlängerten Werkbank für die Produktion der Fahrentholz-Echolote. Es wurden insgesamt ca. 10.000 dieser Lote hergestellt und verkauft. Um 1960 wurde die Echolotfabrik zum größten Handwerksbetrieb Schleswig-Holsteins mit zeitweise bis zu 70 Mitarbeitern[28].

Der Angler und Jäger

Ein Leben lang währte die besondere Beziehung Alexander Behm zu Fischen und der Fischerei. Es fing alles, wie bei vielen Kindern, mit dem ersten selbst erbeuteten Fischlein an. Die Fischerei mit der Angel behielt ihre Faszination für Behm mit Auswirkungen auf die berufliche Entwicklung und Laufbahn des späteren Erfinders.

Angeln ist Waidwerk im Medium Wasser. Es erfordert das Hineindenken in die physikalischen, chemischen und biologischen Gegebenheiten in dem jeweiligen Gewässer. Phantasie, Geduld und Beharrlichkeit sind unverzichtbare Eigenschaften des erfolgreichen Anglers. Sie waren bei Alexander Behm die Gegenspieler seiner gelegentlich aufbrausenden Emotionen.

Anders als in Ländern mit angelsächsischer oder skandinavischer Tradition, hat das Angeln in Deutschland ein geringeres Sozialprestige. Behm war selbstbewusst genug, dieser eher weniger geschätzten Liebhaberei zeitlebens treu zu bleiben und sie neben der gesellschaftlich höher angesehenen Jagd auszuüben. Es zeugt von innerer Unabhängigkeit, sich zu seiner Herkunft zu bekennen und sein Leben nach seinen Vorstellungen zu gestalten.

Als entschiedener Anhänger des waidgerechten Fischens mit Rute und Rolle benutzte Behm nur künstliche Köder, die er selbst entwickelte und mit denen er es in Angelfischerkreisen zu bleibendem Ruhm brachte. Wirklich Fressbares kam nie an den Haken, mit einer Ausnahme als Jugendsünde: Die mit einem Wurm garnierte künstliche Fliege des Fliegenfischer-Anfängers –

für Fliegenfischer ein Sakrileg – erbrachte im See bei Hadersleben den besten Barschfang seines Lebens. Künstliche Köder sind nur bei einigen Fischarten erfolgreich. Auf das Angeln der Fische der anderen Arten verzichtete der Purist, und er duldete auch nicht die Angelei mit Wurm und Köderfisch in „seinen" Gewässern. Die Beute war ihm nicht das Wichtigste, sondern die Freude an der gelungenen List, einen erfahrenen Fisch mit der Vortäuschung von etwas Fressbarem an den Haken zu bringen.

Wo Behm auch war, geangelt wurde auf jeden Fall. Natürlich musste die Angelausrüstung mit nach Karlsruhe, wo neben Studium und Assistententätigkeit im Rhein gefischt wurde. Die Angelei kam auch in Wien nicht zu kurz. Behm hatte den Mödlinger Bach gepachtet und mit Forellen besetzt. Johanna Behm fischte auch gern mit der Angel und landete manch guten Fisch. Die Urlaubstage in Wien verbrachte Behm zumeist mit seiner Frau beim Fischen. Die Angelausflüge führten oft bis nach Italien. Johanna Behm muss auch nicht bedauert werden, wenn ihr Gatte an Weihnachten, Silvester, Ostern und Pfingsten zum Angeln war, denn sie angelte mit. Seinen größten, auch als Donaulachs bezeichneten Huchen, einen Fisch von 11 kg, fing der Angelbegeisterte am Silvestertag in der Ibbs.

Mit der von ihm entwickelten künstlichen Fliege[72] fischte er im Wiener Donaukanal auf Döbel[73]. Zum Fang des Huchens entwickelte Behm einen sogenannten Huchenzopf, der ein Bündel von Bachneunaugen imitiert.

---

[72] Die nach ihm benannte Behm-Fliege ist noch heute unter Fliegenfischern bekannt.
[73] *Leuciscus cephalus*, ein karpfenartiger Weißfisch.

Der passionierte Angelfischer hat in Tulln und Ibbs, Nebenflüssen der Donau, über 100 dieser Großsalmoniden gefangen[66, S. 119].

Mit der Übersiedelung nach Kiel erkundete der leidenschaftliche Angelfischer die Angelmöglichkeiten Schleswig-Holsteins. Die Aufzeichnungen der Fangtage, der beangelten Gewässer und der detailliert erfassten Fangerträge sind in zwei Fischerbüchern erhalten, die die Jahre 1914 bis 1928 und 1934 bis 1943 abdecken. Bereits 1914 bevorzugte Behm den Oberlauf der Treene bei Tarp, eines der wenigen Forellen- und Lachsgewässer Schleswig-Holsteins, sowie die Schwentine bei Preetz. Alle Fischarten, die mit Blinkern und künstlichen Fliegen zu fangen sind, finden sich in Behms Fangstatistiken. Lachs, Forelle, Hecht und Barsch, aber auch Aland und Hasel wurden erbeutet.

Eine unvermeidliche Begleiterscheinung des Angelns ist der Zeitaufwand. Wenn Behm die beim Angeln „vertrödelte" Zeit doch nutzbringend für seine Entwicklungen verbracht hätte, was hätte aus ihm werden können? Eine sinnlose Frage. Möglicherweise wäre er Postbeamter geworden und hätte nie an ein Echolot gedacht, denn Behm hat auch einmal erwähnt, dass ihm die Idee eines Echolots beim Angeln kam, wie auf Seite 29 erwähnt.

Behms Erfindergeist war immer wach. Sich Verbesserungen in seinem Umfeld auszudenken, war für ihn eine Selbstverständlichkeit. Sein Fischereibuch mit Aufzeichnungen aus den Jahren 1911 bis 1914 enthält eine bunte Liste von Ideen. Ein erstes Patent für einen künstlichen Fischköder, ein aus gegeneinander beweglichen Metallplatten bestehender Gliederfisch, erwarb Behm 1913. Bis

1931 meldete Behm einige weitere Patente für künstliche Fischköder an. In der Echolotfabrik wurden die von Behm entwickelten Angelgeräte gefertigt. Er vergab auch Lizenzen an andere Hersteller von Angelgeräten. Neben Überlegungen zur Verbesserung im Bereich der Angelfischerei findet sich auch ein sterilisierbarer Abortdeckel.

Die Fischereitagebücher geben datallierte Informationen über Aufwand und Ertrag seiner Angelfischerei. Für jeden Angeltag sind nicht nur die Fänge nach Art und Gewicht verzeichnet, sondern auch der genaue Ort, Kontakte und Erlebnisse. Anhand der folgenden Tabelle ist auch ersichtlich, wie sehr die berufliche Belastung in den Jahren 1919 bis 1924 die Fischwaid zurückdrängte.

Jahr	Angel-tage	Zeitraum	Jahresfang in kg	Fang pro Angeltag
1914	70	8.2. - 31.12.	186,5	2,7
1915	75	1.1. - 27.12	205,8	2,7
1916	24	11.3. - 12.11.	81,1	3,4
1917	17	4.5. - 9.12.	73,9	4,3
1918	41	3.2. - 11.12	158,7	3,9
1919	3	8.5. - 10.5.	3,3	1,1
1920	4	12.7. - 21.8.	11,0	2,8
1921	1	14.8.		
1922	1	21.8.		
1923	0			
1924	38	5.7. - 30.11.	66,0	1,7
1925	78	18.1. - 31.12.	202,7	2,6
1926	122	1.1. - 31.12.	464,5	3,8
1927	129	1.1. - 24.12.	399,1	3,1
1928	117	29.1. - 31.12.	356,5	3,0
1934	61	22.7. - 27.11.	141,9	2,3
1935	172	1.2. - 17.12.	290,6	1,7
1936	103	9.1. - 15.12.	244,2	2,4
1937	73	4.4. - 8.11.	182,7	2,5
1938	32	20.3. - 2.8.	93,1	2.9
1939	56	22.1. - 20.8.	123,9	2,2
1940	72	3.4. - 10.9.	120,8	1,7
1941	82	8.3. - 22.11.	82,0	1,0
1942	133	1.4. - 7.12.	178,5	1,3
1943	143	4.2. - 23.12.	323,4	2,3

Der leidenschaftliche Angler hielt Vorträge und engagierte sich sogar als Sportwart im Reichsverband Deutscher Sportfischer und nahm 1936 an dem deutsche Fischereitag in Kassel teil. Dem Gentleman-Ideal entsprechend erwarb der Angler Anerkennung über die Landesgrenzen hinweg.

Die unglaublichen Mengen an Fisch, die Behm in seinen Angeltagebüchern penibel verzeichnete, gab er fast ausschließlich an andere. Den Dorsch, den er in allen Variationen aß, angelte er nicht, denn er fischte nur in Flüssen und Seen. Besonders hatten es ihm die Lachse und Meerforellen angetan, die zum Laichen in die Treene aufsteigen. Behm sicherte sich durch Aufkauf aller Erlaubnisscheine für die Treene das alleinige Recht, dort zu fischen – sehr zum Ärger und zur Empörung derjenigen, die dort auch gerne einmal einen Lachs oder eine Meerforelle gefangen hätten. So kann man sich auch unbeliebt machen. Es war sicherlich nicht nur der Egoismus des wohlhabenden Doktors aus dem fernen Kiel, sondern auch die Absicht, die Fische vor den mitunter sehr rustikalen Fangmethoden vor Ort zu bewahren. Dafür spricht auch, dass er verlässlichen Anglern Erlaubnisscheine gab.

Um mehr über Lebensweise und Verhalten der Salmoniden der Treene zu erfahren, nahm er Verbindung mit dem ausgewiesenen Fischereibiologen Professor Ehrenbaum in Hamburg auf und ließ diesem Schuppen von großen Lachsen und Meerforellen zur Altersbestimmung dieser Fische zukommen. Die entsprechenden Daten haben Eingang in die fischereibiologische Literatur gefunden[44, S. 302f].

Behm hatte immer Gewässer in der Nähe seines jeweiligen Wohnsitzes eifrig befischt und das Fischereirecht an einigen Fischwassern gepachtet. In der Umgebung von Kiel waren die Fische in der Schwentine, im alten Eiderkanal und diversen Seen vor diesem Extremangler nicht sicher. Dank seines Autos schaffte er es sogar, morgens im Mecklenburg und nachmittags in Schleswig-Holstein seine Angelrute zu schwingen. Den Owschlager See pachtete Behm 1924, den Havetofter See im darauffolgenden Jahr. Die Treene blieb jedoch Behms bevorzugtes Angelrevier. 1926 errichtete er im Treenetal bei Tarp die vom Kieler Architekten Stoffers entworfene, reetgedeckte Fischerhütte mit ihrem achteckigen Grundriss, die dort heute noch zu sehen ist.

Der Angel-Sport-Verein Parchim verlieh dem berühmten Mecklenburger am 1. Januar 1929 die Ehrenmitgliedschaft. Im Jahre 1934 wurde er Mitglied des Norddeutschen Anglervereins. Das Pachtgewässer des Vereins, ein Teilstück des historischen Eiderkanals bei Bovenau war für Behm sicherlich nicht von besonderem Interesse. Er fischte dort nur einige Male auf Hecht ohne nennenswerten Erfolg. Offensichtlich fühlte es sich dem Verein besonders verbunden. Er lud die Angelkameraden an den Havetofter See und an die Treene zu gemeinschaftlichem Fischen und geselligem Zusammensein ein.

Die Jagd war Behms zweite große Leidenschaft. Gefragt, ob ihm die Jagd oder die Fischerei mehr am Herzen liege, fiel ihm die Antwort schwer. Ihm gefiel immer am besten, welcher Passion er gerade nachging. Sein erstes Jagdrevier bei Preetz pachtete Behm auf Anraten von Heinrich Boysen, um die Versorgungslage auf der *Otter* zu verbessern. Behm wechselte bald in das Revier in Lockstedt Lager in der Nähe des heutigen Hohenweststedt, das ihm sein Freund Constantin von Moltke vermittelt hatte. Eine gemietete Altenteilerwohnung diente als Jagdunterkunft. Die ehemaligen bäuerlichen Jagdpächter waren alles andere als erbaut, dass nun der Herr aus Kiel die Jagd ausübte. Lebensmittel waren knapp; die aus dem Krieg heimkehrenden Soldaten hatten noch ihre Gewehre und gewildert wurde auch. Besonders gravierend für Behm war die schwere Infektion des rechten Knies, die ihn monatelang im Revier festhielt, bis der Transport nach Kiel gelang. Behm verlängerte die Pacht nicht und pachtete eine Gutsjagd bei Eckernförde.

Es gelang Behm, in seiner alten Heimat Mecklenburg eine Jagd mit gutem Rotwildbestand bei Grabow südlich Ludwigslust zu pachten. Es bescherte dem Jäger unvergessliche Jagderlebnisse. Nach dem Rückzug nach Tarp jagte Alexander Behm auch dort bis das nachlassende Sehvermögen ihn zwang, die Jagd aufzugeben.

Die letzten Jahre

Der Umzug von Kiel in die Fischerhütte nach Tarp, hatte den Extremangler an seine geliebte Treene gebracht. Hier kannte er sich aus und konnte trotz seiner Gehbehinderung noch fischen und jagen. In der kleinen Gemeinde südlich Flensburgs mit damals weniger als 1000 Einwohnern waren die Behms jedoch recht isoliert. Um Kontakte zu pflegen, schrieb man Briefe, in der Regel per Hand. Die schwindende Sehkraft des Zuckerkranken erschwerte auch das.

Ganz vergessen war der Technikpionier in seiner Fischerhütte aber nicht. Im Jahre 1949 wandte sich der Rundfunkjournalist Hans G. von der Burchard mit der Absicht an Alexander Behm, eine bebilderte Reportage über sein Leben als Erfinder für einige illustrierte Zeitschriften zu machen. In vielen Gesprächen schilderte der Ruheständler seinem Gesprächspartner sehr detailreich seinen Lebenslauf. Es entstand in den Jahren 1949 bis 1951 ein Manuskript von über 100 Seiten, das glücklicherweise erhalten blieb[66].

Von der Burchard veröffentlichte in der Zeitschrift *Kosmos* eine kurze Biographie des Echolot-Erfinders[67], die Behm auch seinem Bruder Otto und seinem Jugendfreund aus der Haderslebener Zeit, Benno Martens, schickte. Martens, der als Arzt in Hamburg lebte, hatte sich offensichtlich gefreut und schrieb einen sehr herzlichen und freundschaftlichen Brief, in dem er auch auf den Gesundheitszustand seines Freundes einging. Seit fast fünfzig Jahren hatte er nichts von Behm persönlich gehört. Der Kontakt zu Martens lebte wieder auf.

Der Gesundheitszustand des Ruheständlers verschlechterte sich. Die medizinischen Möglichkeiten der genauen Einstellung und Überwachung des Blutzuckerspiegels waren noch nicht auf dem heutigen Stand. Zudem schien der impulsive Patient nicht immer die Broteinheiten gezählt zu haben. Die Folge waren schlecht heilende Wunden und nachlassende Sehkraft, so dass Behm die Jagd aufgeben musste. Die Angelei von den unwegsamen Ufern der Treene aus und das Überwinden der Weidezäune wurde mit einem steifen Bein und einer Prothese mühselig; aber Behm gab nicht auf und angelte so lange, wie es irgend möglich war. Eine Meerforelle von 4,5 kg im August 1951 war wahrscheinlich der letzte größere Fang des begeisterten Sportfischers.

Für die schwer rheumageplagte Johanna war die nur ungenügend beheizbare, als „Rheumahütte" berüchtigte Fischerhütte im Treenetal denkbar ungeeignet. Wie schlimm sie litt, wird in einem Brief deutlich, den ihr besorgter Ehemann an den Entdecker des Cortisons, den Nobelpreisträger des Jahres 1950, Tadeus Reichstein, schrieb[74]:

> Welchen Dienst Sie mit dieser bedeutenden Tat der gesamten Menschheit erwiesen haben, weiß ich besonders gut zu schätzen, da meine Frau, heute im Alter von 71 Jahren, seit 20 Jahren an einer Arthritis deformans beider Hüftgelenke leidet, und sich nur noch mit zwei Krücken unter großen Schmerzen kleine Strecken fortbewegen kann.

---

[74] StaK, Nachlass Behm D45.

Der Chemiker Reichstein konnte natürlich nicht helfen und verwies Behm an Ärzte und Apotheker. Trotz seiner Skepsis hinsichtlich der Erfolgsaussichten einer Cortisonbehandlung bemühte sich Benno Martens, Behms Jugendfreund und Arzt in Hamburg, Cortison aufzutreiben. Er besorgte medizinische Literatur und informierte die Behms über die Möglichkeiten von Rheumatherapien. Die Cortisonbehandlung blieb allerdings erfolglos.

Behms 70. Geburtstag blieb weitgehend unbeachtet und es trafen nur noch wenige Glückwünsche ein. Dem ehemals prominenten Erfinder lag jedoch daran, die Erinnerung an seine Lebensgeschichte wachzuhalten. Im März 1951 erschien in der Zeitschrift *Technischer Ansporn für Vorwärtsstrebende* ein kleinerer autobiografischer Artikel[45, S. 133-138]. Der Autor bestellte beim Verlag 80 Exemplare und verschickte sie an Freunde und Bekannte.

Das Manuskript von der Burchards war im August 1951 ohne das Kapitel Fischerei an den Christian-Wolff-Verlag gegangen. Der Autor bat Behm um Unterlagen zum Kapitel Fischerei, um das Manuskript fertig zu stellen. Im November 1951 war es noch nicht vollendet. Das Kapitel Fischerei fehlte immer noch und Alexander Behm war schwer krank. Ein Geschwür im Rücken führte zu einer Sepsis, die nicht mehr beherrschbar war[66, S. 122]. Am 22.1.1952 verstarb Alexander Behm in der Universitätsklinik in Kiel. Auf der Treenebrücke verweilte der Leichenwagen einige Zeit, bevor er sich wieder zur letzten Ruhestätte auf dem Friedhof in Oeversee in Bewegung setzte. Pastor Walter Goebell würdigte in

Abbildung 26: Der Sarg wird zum Grab getragen

seiner Predigt den Lebenslauf des Verstorbenen. Ehemalige Mitarbeiter trugen den Sarg aus der Kirche zur Grabstätte.

Johanna Behm wollte die Erinnerung an ihren berühmten Ehemann wachhalten und das Manuskript von der Burchards als Biografie veröffentlichen lassen. Sie riet von der Burchard, die Lebensbeschreibung dem Westermann-Verlag anzubieten, was auch geschah, jedoch offenbar ohne Erfolg. Anfang 1955 wollte der Rundfunkjournalist Rolf Heinrich Wecken eine Behm-Biographie verfassen. Er wandte sich im Auftrag Johanna Behms an von der Burchard. Als Wecken erfuhr, dass das fertiggestellte Manuskript dem Verlag zugegangen war, gab er seinen Plan auf. Das Manuskript von der Burchards blieb anscheinend unveröffentlicht.

Johanna Behm, Erbin der Echolotfabrik, überlebte ihren Mann nur um knapp vier Jahre. Sie verstarb am 8. Januar 1956. Die Prokuristin Erna Sasse und der Fabrikleiter Alfred Köster erbten die Echolotfabrik und führten sie als offene Handelsgesellschaft weiter, bis sie 1970 aufgelöst wurde. Die Erinnerung an den seit 18 Jahren verstorbenen Chef blieb lebendig. Mitarbeiter, Freunde und Weggefährten trafen sich 1972, nachdem der Verbleib der Ehemaligen, so gut es ging, ermittelt worden war. Es wurden 150 Einladungen verschickt. Neunzig „Behmer" kamen und beschlossen, sich einmal im Jahr wieder zu sehen. Das geschah dann über drei Jahrzehnte lang. Man traf sich nicht nur zum geselligen Beisammensein, sondern übernahm auch die würdige Gestaltung der Behmschen Grabstätte auf dem Kirchhof in Oeversee. Zum 125. Geburtstag des außerordentlichen Erfinders legten die „Behmer" am Grab ihres unvergessenen Chefs Kranz und Schleife nieder.

Abbildung 27: Grab Alexander und Johanna Behm im November 2005

Personenverzeichnis

Hermann Josef Franz Hubertus Anschütz-Kaempfe (3.10.1872 Zweibrücken; 6.5.1931 München)
Studium der Medizin und Kunstgeschichte, Promotion über „Venezianische Malerei des 16. Jahrhunderts". Konstruierte 1907 den ersten Kreiselkompass und gründete in Kiel die Firma Anschütz & Co.

Heinrich Georg Barkhausen (2.12.1881 Bremen; 20.2.1956 Dresden)
1907 Promotion über elektrische Schwingungserzeugung, 1911 außerordentlicher Professor an der TH Dresden. Ließ sich an der Universität Dresden beurlauben und wurde ab März 1915 als „wissenschaftlicher Hilfsarbeiter" der Inspektion des Torpedo- und Minenwesens in Kiel verpflichtet. B. untersuchte zunächst die Möglichkeiten, Wasserschall für die Nachrichtenübermittlung von U-Booten zu nutzen. Ab August 1917 Beschäftigung mit Verstärkerröhren. Verfasste das „Lehrbuch der Elektronenröhren und ihrer technischen Anwendungen".

Adolph Hermann Blohm (23.6.1848 Lübeck; 12.3.1930 Hamburg)
Studienabschluss als Ingenieur 1872 an der ETH Zürich und am Königlich-Preußischen Gewerbeinstitut. Gründer der Firma *Blohm+Voss*

Carl Wilhelm Adolf Brennecke (6.7.1875 Hildesheim; 19.2.1924 Bergedorf)
Studium der Ingenieurswissenschaften an der TH Charlottenburg. 1898–1903 im preußischen metereologischen Dienst. Promotion 1904 und Aufnahme der Tätigkeit als

Ozeanograph an der Seewarte. Teilnahme an mehreren ozeanischen Expeditionen.

Hans Hector Bernhard Capelle (31.7.1864 Celle; 12.3.1948 Bad Schwartau)
Eintritt in die Marine 1881 als Kadett, Abschied 1901 als Korvettenkapitän, Vorstand des Marineobservatoriums Wilhelmshaven, 1909 bis 1919 vortragender Admiralitätsrat im Reichsmarineamt, 1919 bis 1926 Leitung der Seewarte.

Jean-Daniel Colladon (15.12.1802 Genf; 30.6.1893 Genf)
Jurastudium in Genf und Mathematik in Paris. Arbeit in den Laboratorien von Jean-Marie Ampère und Joseph Fourier. Ab 1839 Professur für Mechanik in Genf. Bestimmte zusammen mit François Sturm die Schallgeschwindigkeit im Wasser des Genfer Sees.

Ernst Ehrenbaum (20.12.1861 Perleberg; 6.5.1942 Marburg)
Nach dem Abitur in Perleberg studierte er 1879-84 Zoologie in Berlin, Würzburg und Kiel. Nach dem Staatsexamen und Schuldienst in Kiel war er ab 1888 Leiter einer zoologischen Wanderstation an der Nordsee. Vier Jahre darauf wurde er als Assistent, später als Wissenschaftlicher Mitarbeiter für Seefischerei an die Biologische Anstalt Helgoland berufen. 1900 wurde er zum Professor ernannt und 1910 an das Naturhistorische Museum in Hamburg berufen. 1920 wurde er ordentliches Mitglied der Deutschen Kommission für Meeresforschung. 1931 ging er in den Ruhestand.

Wilhelm Franz Exner (9.4.1840 Gänserndorf (Niederösterreich); 29.5.1931 in Wien)

Exner war Präsident des Österreichischen Gewerbevereins, Techniker und Forstwissenschaftler. Mit 28 Jahren war Exner bereits Professor an der Forstakademie Mariabrunn, die er ab 1875 auch leitete und in die Wiener Hochschule für Bodenkultur überführte. Außerdem war er Initiator und von 1879 bis 1904 auch erster Direktor des Technologischen Gewerbemuseums in Wien. Er war maßgeblich beteiligt an der Gründung des Technischen Museums für Industrie und Gewerbe in Wien im Jahre 1908 und des Österreichischen Forschungsinstituts für Geschichte der Technik im Jahre 1931. Von 1917 bis 1931 leitete Exner den TÜV Österreich. Noch kurz vor seinem Tod initiierte er die Bildung des Gewerbeförderungsamtes.

Siegfried Günther Egon Fahrentholz (sen.) (2.5.1911 Stralsund; 30.5.1978 Kiel)
Abitur 1930 an der Städtischen Oberrealschule Stralsund. Studium der Mathematik und Naturwissenschaften in Greifswald und Wien. Promotion 1935 zum Dr. phil. an der Ernst-Moritz-Arndt-Universität zu Greifswald. Bis 1945 Leiter der Echolotabteilung der ELAC.

Reginald Aubrey Fessenden (6.10.1866 East Bolton (Québec); 22.7.1932 Bermuda)
Kanadischer Erfinder und Rundfunkpionier. Professor der Elektrotechnik an der Purdue-Universität. Schuf den Fessenden-Oszillator zur Erzeugung von Wasserschall sowie zusammen mit Hayes das Fathometer für die Tiefenmessung. Fessenden gehört mit rund 500 Patenten nach Thomas Alva Edison und anderen zu den Menschen mit den meisten Patenten.

Anton Flettner (1.11.1885 Eddersheim; 25.12.1961 New

York)
Lehrer, später Ingenieur und Erfinder. Seine erste Erfindung, ein lenkbarer Torpedo, wurde 1914 vom Reichsmarineamt als nicht realisierbar eingestuft. Nach dem Krieg befasste er sich mit Verbesserungen des Segelantriebs von Schiffen und erfand den nach ihm benannten Rotor. Es wurden im letzten Jahrhundert nur zwei Schiffe mit dem Flettner-Antrieb ausgerüstet. Im Jahre 2010 kam das in der Lindenau-Werft Kiel und der Cassens-Werft Emden für den Transport von Windkraftanlagen gebaute *E-ship 1* dazu.

Hermann Föttinger (9.2.1877 Nürnberg; 28.4.1945 Berlin)
Nach Studium der Elektrotechnik von 1895 bis 1899 an der Technischen Hochschule München Promotion 1904 über die Leistung großer Schiffsmaschinen. Chefkonstrukteur bei der Werft AG Vulcan Stettin. Die Erprobung und Einführung neuer Dampfturbinen war sein Aufgabengebiet. In dieser Zeit entwickelte er den hydrodynamischen Drehmomentwandler (Zusammenfassung einer Pumpe und einer Turbine in einem Bauteil, der Föttinger-Kupplung), der in seiner Weiterentwicklung z. B. im automatischen Automobilgetriebe verwendet wird. 1909 erhielt er einen Ruf an die Technische Hochschule Danzig, wo er ein Institut für Strömungstechnik aufbaute. 1924 wurde er auf den Lehrstuhl für Strömungsphysik und Turbomaschinen an der Technischen Hochschule Berlin-Charlottenburg berufen. Hier wirkte er bis zu seinem Tod durch Granatsplitter im April 1945.

Johannes Georgi (14.12.1888 Frankfurt/Main; 24.5.1972

Hamburg)
Im Ersten Weltkieg beim Wetterdienst der Kaiserlichen Marine. Ab 1919 in der von Afred Wegener geleiteten Abteilung der Metereologischen Versuchsanstalt der Seewarte.

Walter Goebell
Pastor bis November 1952 in Oeversee. Bis 1977 Hochschullehrer für Kirchengeschichte an der Christian-Albrechts-Universität zu Kiel.

Fritz Haber (9.12.1868 Breslau; 29.1.1934 Basel) Nach Abitur und kaufmännischer Lehre Chemiestudium in Heidelberg und Berlin. Nach der Promotion 1891 ab Assistent in der Physikalischen Chemie an der TH Karlsruhe. Ab 1898 außerordentlicher Professor und ab 1906 Professor für Elektrochemie. Er erhielt 1919 den Nobelpreis des Jahres 1918 für die Ammoniak-Synthese. Gründete zusammen mit Schmidt-Ott die Notgemeinschaft der Deutschen Wissenschaft. Wegen seiner Beteiligung an der Entwicklung von Giftgasen sind Habers Verdienste umstritten.

Walter Hahnemann (6.5.1879 Annaberg;?)
Studium TH München 1899–1902, 1903–1905 Ingenieur AEG, 1905–1906 Telefunken, 190–1909 Abteilungsleiter Funktelegrafie C. Lorenz, 1909–1912 Telegrafie Kaiserliche Marine, 1912–1925 Geschäftsführer der Signal Gesellschaft.

Harvey C. Hayes
Amerikanischer Physiker. Im Ersten Weltkrieg im Dienste der US Navy mit der U-Boot Abwehr befasst. Danach hat er in der Submarine Signal Company zusam-

men mit Fessenden das Fathometer entwickelt.

Karl Heinrich Hecht (4.2.1880 Magdeburg; 25.10.1961 Kiel)
Nach Studium der Mathematik und Physik in Königsberg Promotion. Ab 1908 Mitarbeiter der Firma Neufeld & Kuhnke, ab 1911 in der Signal Gesellschaft. Entwickler des Elektromagnetischen Wasserschallsenders. Hecht gründete 1926 zusammen mit Gerhard Schmidt und Wilhelm Rudolph die Firma *Elektroacustic GmbH* in Kiel.

Hugo Emil Hergesell (29.5.1859 Bromberg; 6.6.1938 Berlin)
Meteorologe und Geophysiker, Leitung des Aeronautischen Observatoriums Lindenberg bei Berlin, Hauptausschuss der *Notgemeinschaft der deutschen Wissenschaft*.

Paul Langevin (23.1.1872 Paris; 19.12.1946 Paris)
Französischer Physiker. Doktorvater von Louis de Broglie, mit Einstein befreundet. Er wendete als erster 1916 die Piezoelektrizität von Quarzkristallen mit dem Bau der ersten Ultraschall-Objekterfassung (Sonar) technisch an und entwickelte für die französische Marine das erste Echolot-System.

Hans Maurer (31.3.1868 Darmstadt; 7.12.1945 Aue/Erzgebirge)
Studium der Mathematik und Naturwissenschaften in Berlin und Straßburg. Assistent von Hergesell und Kohlrausch. Promotion 1893. Ab 1895 Dienst in der Deutschen Seewarte. Tätigkeit im Reichsmarineamt als Admiralitätsrat. Verleihung des Professorentitels. Pensioniert als Ministerialrat[23].

Matthew Fontaine Maury (14.1.1806; 1.2.1873)
Amerikanischer Astronom, Metereologe, Ozeanograf, Kartograf, Geologe und Autor. Sein Werk „The Physical Geography of the Sea" aus dem Jahre 1855 ist eine erste umfassende Darstellung der physischen Ozeanografie. Zahlreiche weitere Publikationen haben Meeresströmungen, Wind und die Wanderungen der Wale zum Gegenstand.

Heinrich Meidinger (29.1.1831; 11.10.1905)
1849 Physikstudium in Gießen, 1853 Promotion und chemische Studien in Heidelberg, 1857 Habilitation, 1869 Ruf an die TH Karlsruhe, 1874 Physik-Professor Erfinder des Meidinger Elements", einer Verbesserung des als Stromquelle dienenden „Daniell-Elements". Von seinen wissenschaftlichen Arbeiten seien die zur Feuerungstechnik für Hausöfen, zur Lüftungs-, Kälte- und allgemeinen Haustechnik erwähnt. Herausgabe der „Badischen Gewerbezeitung". Er leitete 1865 - 1904 die badische Gewerbehalle in Karlsruhe

Constantin Freiherr von Moltke (12.5.1863 Ludwigsburg; 9.5.1941 in Gräfeling b. München)
Steuermannsexamen, 1 Jahr Kaiserliche Marine in Kiel, April 1888 bis Mai 1890 Schiffsoffizier bei der Hamburg-Amerika-Linie, Kapitänsexamen, Reserveoffizier der Marine, Ausbildung beim königlichen Polizeipräsidium in Berlin, Brandmeister der Berliner Feuerwehr. M. nahm die Neuorganisation der Kieler Feuerwehr vor. Am 16.8.1896 wurde er Städtischer Brandirektor und übernahm die Leitung der neugegründeten Kieler Berufsfeuerwehr.

Alfred Merz (24.1.1880 Perchtoldsdorf bei Wien; 16.8.1925 Buenos Aires)
M. studierte von 1901 bis 1906 Geschichte und Geographie an der Universität Wien. Nach seinem Studium wurde Merz 1910 an das Institut für Meereskunde in Berlin berufen, an dem er mit der physikalischen Erforschung der Meere begann. 1911 unternahm er Forschungsreisen in den Südatlantik und in das Mittelmeer. Anschließend widmete er sich der Vorbereitung der Deutschen Atlantischen Expedition, die von 1925 bis 1927 durchgeführt wurde. Merz war trotz seines schlechten Gesundheitszustands bis zu seinem Tod auf dem Vermessungs- und Forschungsschiff „Meteor" Leiter der Expedition.

Heinrich (Albert Wilhelm Heinrich), Prinz von Preußen (14.8.1862 Potsdam, 20.4.1929 Hemmelmark)
Heinrich war der zweite Sohn Kaiser Friedrichs und der jüngere Bruder des späteren Kaisers Wilhelm II. Er besuchte bis 1877 das Gymnasium in Kassel und war 1884–1886 an der Militärakademie. Zwischen 1878 und 1880 unternahm er eine Weltreise. Am 1.10.1880 legte er die Prüfung als Seeoffizier ab. Das von ihm kommandierte ostasiatische Geschwader nahm im Sommer 1901 an der blutigen Niederschlagung des sogenannten Boxeraufstandes teil. 1908–1918 war Prinz Heinrich Großadmiral und Generalinspekteur der Marine, im Ersten Weltkrieg kommandierte er die Ostsee-Streitkräfte. Die Technische Hochschule Berlin verlieh ihm den Dr.-Ing. h. c., die Universität Kiel den Dr. phil. h. c. Er heiratete am 24.5.1888 Prinzessin Irene von Hessen und bei Rhein. Der Ehe entstammten die Söhne Prinz Waldemar, Prinz Sigismund und Prinz Heinrich.

Max Gustav Hermann Reich (16.5.1874 Görlitz; 20.1.1941 Göttingen)
Physiker, 1899 promoviert bei Emil Warburg in Berlin, ging 1900 zu Hermann Theodor Simon nach Frankfurt am Main und folgte diesem auch 1905 an das damals neu gegründete Institut für Angewandte Elektrizität nach Göttingen. Nach der Habilitation Tätigkeit in Jena ging er 1909 nach Göttingen und arbeitete am Aufbau der Radioelektrischen Versuchsanstalt für Heer und Marine, deren Leiter er wurde. Wurde 1914 Professor und 1915 (wissenschaftlicher) Leiter des Torpedoversuchskommandos in Kiel. Hatte auf der *Cordoba* mit Behm Versuche erlebt. Auch 1939 war er wieder in der militärischen Forschung (Wissenschaftlicher Leiter des Nachrichtenmittelversuchskommandos der Marine) und auch schon vorher arbeitete er an seinem Institut mit dem Heereswaffenamt zusammen.

Lewis Fry Richardson (11.10.1881; 30.9.1953)
Englischer Mathematiker, Physiker, Metereorologe, Psychologe and Pazifist. Er führte mathematische Methoden in die Wettervorhersage ein.

Wilhelm Rudolph (;1938) Dr. phil. , Gesellschafter der Electroacustic GmbH seit 7.1.1927 und Geschäftsführer.

Ewald Sachsenberg (16.6.1877; 14.7.1946)
Studium 1900–1904 Schiffs- und Maschinenbau TH Berlin-Charlottenburg. Kontrukteur an der Germaniawerft Kiel. 1907 Promotion TH Berlin-Charlottenburg, 1920 Habilitation TH Berlin-Charlottenburg. Schriftleiter der Zeitschrift *Schiffbau*. Ab 1921 Professor für Betriebswissenschaft an der TH Dresden.

Arno Scheibe (1864; 1937)
Schüler des Otologen Friedrich Bezold. Leiter der Erlanger Universitätsklinik für Ohren-, Nasen- und Kehlkopfkrankheiten 1911 bis 1929. Ernennung zum Ordinarius 1922. Am 1.5.1928 emeritiert.

August Friedrich Ludwig Erhard Schleiermacher
(24.12.1857 Darmstadt; 30.1.1953 Tübingen)
Studium der Mathematik und Physik in München und Würzburg. Nach Assistentur in Straßburg wechselte 1881 an die Polytechnische Schule in Karlsruhe. 1896 bis 1927 vertrat er als Ordinarius die theoretische Elektrotechnik. Rektor der TH Karlsruhe und Vorstand des Physikalischen Instituts.

Johannes Schmidt (1905 Jels/Dänemark; 1946 Husum)
In Haderslev zur Schule gegangen, an der TH Karlsruhe Elektrotechnik studiert, Dpl.-Ing. und Marineoberbaurat. Entwicklungen von zielsuchenden Torpedos (Zaunkönig). Schmidt entwickelte eine Fischlupe, die auch in der Behm-Echolotfabrik produziert wurde. Schmidt erlag in Husum den Folgen eines Verkehrsunfalls bei Schwesing.

Friedrich Gustav Adolf Eduard Ludwig Schmidt-Ott
(4.6.1860 Potsdam; 28.4.1956 Berlin) Nach Abitur 1878 in Kassel Jurastudium und Referendariat Verwaltungsbeamter im höheren Dienst des preußischen Kultusministeriums. Von August 1917 bis Ende 1918 preußischer Kultusminister. Gründete zusammen mit Fritz Haber die Notgemeinschaft der deutschen Wissenschaft. Nach der Entlassung als Präsident der Notgemeinschaft wurde Johannes Stark sein Nachfolger. Nach dem Zweiten Weltkrieg wurde Schmidt-Ott Ehrenpräsident der Deut-

schen Forschungsgemeinschaft.

Gerhard Schott (15.8.1866 Tschirna; 15.1.1961 Hamburg)
International bekannter Meereskundler. Abteilungsleiter der Deutschen Seewarte Hamburg. 1921 Honorarprofessur an der im selben Jahr gegründeten Universität Hamburg.

Bruno Schulz (1888; 1944)
Hydrograph an der Deutschen Seewarte Hamburg. 1926 zum Honorarprofessor an der Universität Hamburg ernannt. 1938 wurde das Institut für Meereskunde gegründet, der Lehrstuhl Ozeanographie geschaffen und mit Schulz besetzt, der auch Institusdirektor wurde. Schulz starb im Zweiten Weltkrieg.

Ernst Franz Max Sellin (26.5.1867 Altschwerin/Mecklenb.; 1.1.1946 Epichnellen bei Eisenach)
Evangelischer Theologe, Professor für alttestamentliche Exegese und Archäologie. War von 1891 bis 1894 Gymnasialoberlehrer am Gymnasium in Parchim. Professuren in Wien (1897–1908), Rostock (1008-1013), Kiel (1913–1921), Berlin (1921–1935).

Bernhard Settegast
Ingenieur. Entwickelte 1924 in Diensten der Signal Gesellschaft das Signallot für die Deutsche Atlantische Expedition. Prokurist der Elcktroacustic GmbH seit 7.1.1927. Gründete 1930 mit dem Kaufmann Gerhard Schmidt die Echometer GmbH in Kiel, die 1937 erlosch und als Organgesellschaft Teil der ELAC wurde.

Johannes Stark (15.4.1874 Schickenhof (heute Freihung); 21.6.1957 Traunstein)

Wegen seiner rassistischen, von NS-Ideologie geprägten Einstellung umstrittener Physiker, Nobelpreis 1919. War neben Barkhausen während des Ersten Weltkrieges in der Torpedoinspektion tätig.

Charles-Franǫis Sturm (29.9.1803 Genf, 18.12.1855 Paris)
Mathematiker. Bestimmte 1826 zusammen mit Colladon die Schallgeschwindigkeit im Wasser des Genfer Sees.

Max Wien (25.12.1866 Königsberg (heute Kaliningrad); 24.2.1938 Jena)
Physiker, Vetter des Nobelpreisträgers Wilhelm Wien. Studium in Königsberg, Freiburg und Berlin. Promotion 1888, Habilitation 1893 und Berufung als Ordinarius 1904 nach Danzig. Ab 1906 Direktor des Physikalischen Instituts der Universität Jena. Neben der Elektrizitätslehre und Hochfrequenztechnik war Wien auch auf dem Gebiet der Akustik aktiv.

Wilhelm Wien (13.1.1864 Gaffken bei Fischhausen (heute Primorsk); 30.8.1928 München)
Nach Studium der Physik in Göttingen und Berlin Promotion 1886. Ab 1889 Assistent von Helmholtz an der Physikalisch Technischen Reichsanstalt (PTR), 1892 Habilitation an der Universität Berlin. Nach Stationen in Aachen, Gießen wurde er 1900 Nachfolger von Wilhelm Conrad Röntgen in Würzburg. Nobelpreis für Physik 1911. Ab 1919 Professur in München.

George Hubert Wilkins (31.10.1888 Hallett, Australien; 30.11.1958)
Australischer Polarforscher, Pilot und Fotograf.

Literatur

[1] Admiralstab. Minen aller Orten, 1918. BArch RM 5/3637.

[2] Franz Aigner. *Unterwasserschalltechnik. Grundlagen, Ziele und Grenzen.* Verlag M. Krayn, Berlin, 1922.

[3] Roald Amundsen. *Die Jagd nach dem Nordpol. Mit dem Flugzeug zum 88. Breitengrad.* Ohne Jahr.

[4] Anonymus. Aus dem Leben Alexander Behms. *Deutsche Angler-Zeitung. Beilage*, 1928.

[5] Alexander Behm. Schall-Isolation. *Badische Gewerbezeitung*, 1905.

[6] Alexander Behm. Das Behm-Echolot. *Annalen der Hydrographie und Maritimen Metereologie*, 49:241–247, 1921.

[7] Alexander Behm. Das Behm-Echolot. *Hansa. Deutsche nautische Zeitschrift*, 58:1418–1419, 1921.

[8] Alexander Behm. Über die Weiterentwicklung des Behm-Lotes und das Prinzip des Kurzzeitmessers.

Annalen der Hydrographie und Maritimen Metereologie, 50:289–304, 1922.

[9] Alexander Behm. Das Behmlot und seine Entwicklung als akustischer Höhenmesser für Luftfahrzeuge. *Berichte und Abhandlungen der wissenschaftlichen Gesellschaft für Luftfahrt e.V. Beihefte zur Zeitschrift für Flugtechnik und Motorluftschiffahrt*, 13, 1925.

[10] Alexander Behm. Die Entstehung des Echolotes. *Die Naturwissenschaften*, pages 962–969, 1928.

[11] Alexander Behm. Meine Jagd- und Fischerhütte. *Der Angelsport*, 1929.

[12] Bruno Bock. Erfindung in der „falschen" Richtung ...aber das Echolot wurde in der Schiffahrt unentbehrlich – 100. Geburtstag von Alexander Behm . *Kieler Nachrichten*, 11.11.1980 1980.

[13] Charles Bonnycastle. Notes of Experiments, Made August 22d to 25th, 1838, with the view of determining the Depth of the Sea by Echo. *Proceedings of the American Philosophical Society*, 1:39–41, 1838.

[14] W. Brennecke. Ausblicke für die Verwendung des Behm-Echolotes. *Annalen der Hydrographie und Maritimen Metereologie*, 49:363–364, 1921.

[15] Per Collinder. Echo soundings and other hydrographical observations during an expedtion in the Greenland and Barents seas. *Geografiska Annaler*, 1930.

[16] Alexander Behm Conrad Dunker. Über die elektrische Batterie. *Zeitschrift für den physikalischen und chemischen Unterricht*, pages 79–85, 1900.

[17] B. Draeger. Technik an Bord. Das Lot. *Hansa. Deutsche Schiffahrts-Zeitschrift*, 71,1:129–131, 1933.

[18] Wilhelm Friedrich Dransfeld. Ein Kabelgarn vom Nordatlantik, 1927.

[19] C.S. Draper. The Sonic Altimeter for Aircraft. Technical report, National Advisory Committee for Aeronautics, Washington, 1937. Technical note No. 611.

[20] F. Duge. Das Behm-Echolot. *Der Fischerbote*, Dezember 1921.

[21] Conrad Dunker. Schulversuche mit der Influenz-Elektrisiermaschine. *Zeitschrift für den physikalischen und chemischen Unterricht*, pages 272–279, 1899.

[22] Alexander Behm Friedrich Rudolf Metz. Neue Apparate zur Bestimmung der Wärmeleitungscoeffizienten. In *Bericht Über den II. Internationalen Kltekongreß, Wien 1910, 6.-12. Oktober*, 1911.

[23] Heinz Gabler. Hans Maurer 75 Jahre alt. *Annalen der Hydrographie und maritimen Metereologie*, 71:273–278, 1943.

[24] Walter Goebell. Predigt Trauerfeier Alexander Behm, 1952. (Unveröffentlicht [StaK NL Behm]).

[25] Hahnemann. Denkschrift über die Entwicklung und Lieferung von Unterwasserschallapparaten für die Kaiserliche Marine durch die Signal Ges.m.b.H., 1918. BArch RM 5/3517.

[26] Harvey C. Hayes. Measuring Ocean Depths by Acoustical Methods. *Journal of the Franklin Institute*, 1924.

[27] Gerd Hoffmann-Wieck. Das Echolot. Die Tiefe hören, 2005.

[28] Siegfried Fahrentholz (jun.). Behm-Echolotfabrik in der Nachkriegszeit. *Hydrographische Nachrichten*, 40:34, 1996.

[29] Wolfgang Kaelke. *Parchimer Persönlichkeiten. Teil I.* Number 4 in Schriftenreihe des Museums der Stadt Parchim. Museum der Stadt Parchim, Parchim, 1996.

[30] Jochen Kirchhoff. *Wissenschaftsförderung und forschungspolitische Prioritäten der Notgemeinschaft der Deutschen Wissenschaft 1920-1932.* PhD thesis, Ludwig-Maximilians-Universitt München, 2007.

[31] Bernhard Koerner, editor. *Deutsches Geschlechterbuch, Band 74.* C.A. Starke Verlag, Görlitz, 1931.

[32] Bernhard Kramer. Fischerei und Behmlot. *Der Fischerbote*, 22(17), 1930.

[33] Willy Kunze. Die Entwicklung und Bedeutung der akustischen Lote für die Handelsmarine auf Grund der praktischen Erfahrungen der letzten Jahre, 1927.

[34] *Das Behm-Limnolot nach Dr. h.c. Alexander Behm.* Kiel.

[35] E. Lübcke. Akustische Lotverfahren, Geräte und Erfahrungen. *VDI-Zeitschrift*, 71:1245–1253, 1927.

[36] Hans Maurer. Das Echolot. *Marine-Rundschau*, 27:348ff, 1922.

[37] Hans Maurer. Über Echolotungen der nordamerikanischen Marine. *Annalen der Hydrographie und Maritimen Metereologie*, 52:75–87, 1924.

[38] Hans Maurer. Können die bei Echolotungen gefundenen Echoabstände auf wahre Tiefen umgerechnet werden? *Annalen der Hydrographie und Maritimen Metereologie*, 56:347–352, 1928.

[39] Hans Maurer. Die Verhandlungen über die Echolotungen auf der Dritten Internationalen Hydrographischen Konferenz in Monaco 12. bis 23. April 1932. *Annalen der Hydrographie und Maritimen Metereologie*, 60:423–428, 1932.

[40] Hans Maurer. Die Echolotungen der „Meteor". In A. Defant, editor, *Wissenschaftliche Ergebnisse der Deutschen Atlantischen Expedition auf dem Forschungs- und Vermessungsschiff „Meteor" 1925-1927*, volume 2. Notgemeinschaft der Deutschen Wissenschaft, 1933.

[41] Hans Maurer. Eine Nachprüfung der Emden-Tiefe. *Annalen der Hydrographie und Maritimen Metereologie*, pages 104–109, 1937.

[42] M. F. Maury. *Die physische Geographie des Meeres. Deutsch bearbeitet von C. Böttger.* Mayer, Leipzig, 1859.

[43] Dwight R. Messimer. Paul Langevin and the Discovery of Active Sonar or Asdic introduced by David Zimmerman. *The Northern Mariner*, 22(1):39–52, 2002.

[44] E. Neresheimer. Die lachsartigen (salmonidae) 1. teil. In H.N. Maier R. Demoll, editor, *Handbuch der Binnenfischerei Mitteleuropas*, volume IIIA, pages 219–370. E. Schweizerbart'sche Verlagsbuchhandlung, Stuttgart, 1941.

[45] N.N. Das Lebenswerk von Dr.h.c. Alexander Behm - Erfinder des Echolotes und Großvater des Radargerätes. *Technischer Ansporn für Vorwärtsstrebende*, pages 133–138, 1951.

[46] Friedrich Kurt Reinsch. Vorschlag zur Anwendung der Echolotmethode nach Behm bei Tiefenbestimmungen in Binnengewssern . *Internationale Revue der gesamten Hydrobiologie und Hydrographie* , 15, 1926.

[47] Eberhard Rössler. *Die Torpedos der deutschen U-Boote.* Köhlers Verlagsgesellschaft, Herford, 1984.

[48] Bernhardt Schell. Einleitung. In Dieter Lohmeier und Bernhardt Schell, editor, *Einstein, Anschütz und der Kieler Kreiselkompaß*, pages 13–87. Verlag M. Krayn, Berlin, 2005.

[49] Gerhard Schott. Tiefseelotungen mittelst Echolot. *Annalen der Hydrographie und Maritimen Metereologie*, 51:192–195, 1923.

[50] E. Schreiber. Über einige Versuchsergebnisse mit dem Anschütz-Echolot. *Annalen der Hydrographie und Maritimen Metereologie*, 50:46–50, 1922.

[51] Bruno Schulz. Geschichte und Stand der Entwicklung des Behmlotes unter besonderer Berücksichtigung der Lotungen auf D.S. „Hansa", Hamburg-Amerika-Linie. *Annalen der Hydrographie und Maritimen Metereologie*, 52:254–271, 289–304, 1924.

[52] Bruno Schulz. Stand und Bedeutung der Echolotfrage. *Tijdschrift van het Koninklijk Nederlandsch Aardzijkskundig Genootschap*, pages 85–103, 1924.

[53] Bruno Schulz. Weitere Versuche mit dem Behmlot. *Annalen der Hydrographie und Maritimen Metereologie*, 49:288–291, 1925.

[54] Arnold Schumacher. Hydrographische Bemerkungen und Hilfsmittel zur akustischen Tiefenmessung. *Annalen der Hydrographie und maritimen Metereologie*, 52:87–95, 1924.

[55] Schweppe. Die Auswertungen von Echolotungen in den Seekarten. *Annalen der Hydrographie und Maritimen Metereologie*, 56:317–321, 1928.

[56] Horst Seidel. Erinnerungen an Dr. Alexander Behm. (Unveröffentlichte Aufzeichnungen für das Behmertreffen 2005).

[57] Fritz Spieß. Bericht des Expeditionsleiters. *Zeitschrift der Gesellschaft für Erdkunde zu Berlin*, (1):1–24, 1926. Berichte der Deutschen Atlantischen Expedition.

[58] Fritz Spieß. *Die Meteor-Fahrt. Forschungen und Erlebnisse der Deutschen Atlantischen Expedition 1925-1927*. Reimer, Berlin, 1928.

[59] Walter Stahlberg. Die Ermittelung der Meerestiefe. *Meereskunde. Sammlung volkstümlicher Vorträge zum Verständnis der nationalen Bedeutung von Meer und Seewesen*, 13, 1920.

[60] Eitel Tette. Dr. h.c. Alexander Behm. Erfinder des Echolots, 1987.

[61] Hermann Sieveking und Alexander Behm. Akustische Untersuchungen. *Annalen der Physik*, 1904.

[62] H. Hecht und F.A. Fischer. Anwendungen der Ausbreitung des Schalles in freien Medien. In *Handbuch der Experimentalphysik. Technische Akustik*, volume 17, pages 355–441. 1934.

[63] Dietrich Bludau und Peter Kaltenbach. *Anschütz & Co. GmbH 1905 – 1955. Das älteste Kreiselkompasswerk der Welt*. Anschütz & Co. GmbH, 1955.

[64] M. v. Freeden. Anschütz-Echolot. *Hansa. Deutsche nautische Zeitschrift*, 57:577, 1920.

[65] V. v. Niesiołowski. Zeitmessung. In Karl Scheel, editor, *Elementare Einheiten und ihre Messung*, volume 2, chapter 6 C,D,H. Julius Springer, Berlin, 1926.

[66] Hans G. von der Burchard. Alexander Behm. Sein Werk und sein Leben. (Unveröffentlichtes Manuskript [Bürgerarchiv Tarp]).

[67] Hans G. von der Burchard. Erfindungen unserer Zeit. 1. Das Echolot. *Kosmos*, 56:481–485, 1950.

[68] Ludwig von Henk. *Zur See*. Verlagsanstalt und Druckerei AG, Hamburg, 1892.

[69] Alexander von Humboldt. *Kosmos. Entwurf einer physikalischen Weltbeschreibung*. Eichborn Verlag, Frankfurt/Main, 2004.

[70] F. Weisshun. Kiels Schiffbau und die an ihm und der Schiffahrt beteiligte Industrie. *Hansa. Deutsche Schiffahrts-Zeitschrift*, 71,1:376–385, 1934.

[71] Stefan L. Wolff. Zur Situation der deutschen Universitätsphysik während des Ersten Weltkrieges. In *Kollegen, Kommilitonen, Kämpfer: europäische Universitäten im Ersten Weltkrieg*, 2006.

Abbildungen

1	Wappen der Familie Behm	10
2	Otto Lehmann in seinem Labor 1907 . .	20
3	Membransonometer	23
4	Ehepaar Behm ca. 1905.	26
5	Das ehemalige Flusskanonenboot *Otter* .	53
6	Schallwellenaufnahme mit unebenem Grund	57
7	Versuchsaufbau für die Schallwellenfotografie	59
8	Erste Lotung, vermerkt im Schiffstagebuch	61
9	Prinzip des fotografisch registrierenden Echolots	63
10	Funktionsprinzip des ersten Echolots . .	68
11	Echogramm, kommentiert	69
12	Echogramm	69
13	Erstes fotografisch registrierendes Echolot	71

14	Weiter entwickeltes fotografisch registrierendes Echolot	72
15	Kurzzeitmesser nach Patentschrift 367202	79
16	Kurzzeitmesser als Gerät	79
17	Direkt anzeigendes Echolot der Type 1 .	86
18	Das Kanonenboot *Panther*	89
19	Zeigerlot	95
20	Luftlot im Zeppelin ZR III	96
21	Echolotung nach Hayes	102
22	*MS Buckau*	107
23	*VS Meteor*	112
24	Ohrlot-A	120
25	Behm mit Limnolot	128
26	Der Sarg wird zum Grab getragen	155
27	Grab A. Behm, November 2005	157

Bildnachweis und Abkürzungen

Umschlag: Portrait A. Behm (StaK, NL Behm)

1 Wappen der Familie Behm (G.A. Clos, [31])
2 Otto Lehmann (Wikipedia)
3 Membransonometer mit Mikroskop (StaK, NL Behm)
4 Ehepaar Behm (StaK, NL Behm)
5 Das ehemalige Flusskanonenboot *Otter* (BArch, Bild 134-E

6	Schallwellenaufnahme mit unebenem Grund (StaK, NL Behm)
7	Versuchsaufbau für die Schallwellenfotografie ([51, 258])
8	Erste Lotung, vermerkt im Schiffstagebuch (StaK, NL Behm)
9	Prinzip des fotografisch registrierenden Echolots (Patentschrift DRP 310690)
10	Funktionsprinzip des ersten Echolots (Aus [65, S. 255])
11	Von Behm kommentiertes Echogramm (StaK, NL Behm)
12	Echogramm bei ca. 6 m Tiefe (StaK, NL Behm)
13	Erstes fotografisch registrierendes Echolot (StaK, NL Behm)
14	Weiter entwickeltes fotografisch registrierendes Echolot (StaK, NL
15	Kurzzeitmesser (Patentschrift DRP 367202)
16	Kurzzeitmesser als Gerät (StaK, NL Behm)
17	Direkt anzeigendes Echolot Type 1 (StaK, NL Behm)
18	Das Kanonenboot *Panther* (BArch, Bild 183-R17065)
19	Frühes Behmlot mit Zeiger (StaK, NL Behm)
20	Luftlot im Zeppelin ZR III (StaK, NL Behm)
21	Echolotung nach Hayes (Aus [37, Tafel 9])
22	MS *Buckau* mit Flettner-Rotoren (BArch, Bild 102-00814)
23	Versuchsschiff *Meteor* (StaK, 2.5 Schäfer)
24	Ohrlot für Amundsen (StaK, NL Behm)
25	Behm mit Limnolot (StaK, NL Behm)
26	Der Sarg wird zum Grab getragen (Sammlung Horst Seidel)
27	Grab A. Behm November 2005 (Verfasser)

Abkürzungen

BArch	Bundesarchiv
ELAC	Electroacustic G.m.b.H.
NL	Nachlass
RBGl	Reichsgesetzblatt
StaK	Stadtarchiv Kiel

Index

Anschütz-Kaempfe Hermann, 32–34, 44, 52, 64, 81–83, 158
Atlaslot, 111

Barkhausen Heinrich, 46, 87, 126, 158
Behm
 Ernst, 9
 Otto, 9
 Pauline Johanna Sophie, 9
 Werner, 9
Berggraf H., 41
Blohm Hermann, 87, 158
Bonnycastle Charles, 122
Brennecke Wilhelm, 86, 158

Capelle Hans, 100, 104, 110, 159
Colladon Jean-Daniel, 40, 159, 169

Dransfeld Wilhelm, 84, 115
Dunker Konrad, 14

Eells

Albert Franklin, 41, 48
Ehrenbaum Ernst, 149, 159
Einstein Albert, 82
Exner Wilhelm Franz, 24, 159

Fahrentholz Siegfried, 142, 143, 160
Fessenden Reginald, 28, 111, 116, 160, 163
Flettner Anton, 107, 161
Föttinger Hermann, 87, 161

Georgi Johannes, 103, 162
Goebell Walter, 154, 162
Grünzweig Carl, 22

Haber Fritz, 99, 100, 162, 167
Hahnemann Walter, 74, 162
Hayes Harvey C., 101, 102, 111, 160, 162

Hecht Heinrich, 44, 75, 163
Hergesell Emil, 108, 163

Kelvin Lord, 38
Krentzin Walter, 105
Kunze Willy, 117

Langevin Paul, 82, 83, 123, 124, 163
Lehmann Otto, 19, 24

Martens Benno, 154
Maurer Hans, 30, 65, 100, 163
Maury Matthew Fontaine, 37, 41, 164
Meidinger Heinrich, 24, 164
Merz Alfred, 100, 113, 165
Metz Friedrich Rudolf, 22
Moltke

Constantin Freiherr von, 138, 151, 164

Prinz von Preußen Heinrich, 46, 65, 165

Reich
  Max, 46, 87, 166
Reichstein
  Tadeus, 153
Reinsch
  Kurt Friedrich, 126
Richardson
  Lewis Fry, 28, 166

Sachsenberg
  Ewald, 132, 166
Scheibe
  Arno, 132, 167

Schleiermacher
  August, 18, 133, 167
Schmidt
  Gerhard, 75
  Johannes, 141, 167
Schmidt-Ott
  Friedrich, 100, 167
Schott
  Gerhard, 99, 104, 105, 168
Schulz
  Bruno, 106, 114, 168
Sellin
  Ernst Franz Max, 168
Settegast
  Bernhard, 110, 130, 168
Sieveking

Hermann, 21
Spieß
  Fritz, 113
Stark
  Johannes, 46, 167, 168
Sturm
  Charles-François, 40, 159, 169
Thomson
  William, 38
Wien
  Max, 27, 117, 169
  Wilhelm, 46, 169
Wilkins
  George Hubert, 169
Zoth
  Oskar, 27

185

Zu diesem Buch

Der Autor

Der Autor, 1938 in Guben/Lausitz geboren, besuchte nach der Flucht Anfang 1945 aus Fürstenberg an der Oder Schulen in Lübeck, Hamburg, Karlsruhe, Kiel und Saarbrücken. Nach dem Abitur 1959 an der Hebbelschule in Kiel Studium der Physik, Mathematik und Chemie. Anschließend Tätigkeit als Diplom-Mathematiker an der Universität Kiel in der Agrarwissenschaftlichen Fakultät und im Rechenzentrum. Promotion 1974 mit einer Dissertation über die Auswirkungen der Spekulation auf die Preisstabilität.

Als Vorsitzender des Norddeutschen Anglervereins in Kiel entdeckte er in überlieferten Sitzungsprotokollen, dass Alexander Behm Vereinsmitglied war. Das Fehlen einer angemessenen Lebensbeschreibung dieses berühmten Anglers und Erfinders war Anlass der vorliegenden Darstellung.

Danksagung

Dieses Buch konnte nur durch die Unterstützung vieler Personen und Institutionen entstehen. Ich hatte das große Glück und die Freude, bei meiner Arbeit viele interessante, kenntnisreiche und hilfsbereite Menschen kennen zu lernen, deren Wissen und Anregungen mich bereichert haben. Meinen alten Freund Horst Hilmers will ich stellvertetend nennen, von dessen Expertise auf dem Gebiet von Echolot und Wasserschall ich durch die Beschäftigung mit Alexander Behms Leben erfahren habe. Der Marinehistoriker Richard Lakowski half mir mit einer guten Reproduktion eines Bildes vom Versuchsschiff *Otter*, das dann doch im Bundesarchiv gefunden wurde. Dank auch an alle, die Behm noch gekannt hatten und mir berichtet haben. Hier will ich wieder stellvertretend den kürzlich verstorbenen Horst Seidel nennen, der die Behmer-Treffen initiiert und betreut hatte. Meine Familie hat meine Behm-Besessenheit nicht nur ertragen, sondern mich immer unterstützt. Mein Klassenkamerad H. Peter Bunks, hat das Lektorat übernommen, das Dank seiner Sprachkraft und Kompetenz in Marinegeschichte, Seefahrt und sogar Wasserschallanwendungen außerordentlich hilfreich war. Alle verbliebenen Mängel dieses Buches verantworte ich selbst.

Einen besonderen Vorteil für die Recherchen zu der vorliegenden Biographie bot meine Heimatstadt Kiel, wo Behm sein Echolot entwickelte und wo sich sein Nachlass im Schifffahrtsmuseum und im Stadtarchiv befindet. Besondere Unterstützung erhielt ich vom Stadtarchiv Kiel und vom Gemeindearchiv Tarp, von der Katedralskole in Haderslev und weiteren Archiven. Die Kieler wissenschaftlichen Bibliotheken erwiesen sich als wesentlicher Standortvorteil für die Arbeit an diesem Buch.

Jörg Schimmler

Lightning Source UK Ltd.
Milton Keynes UK
UKHW021936010719
345396UK00007B/175/P